『十一五』國家重點出版規劃項目

陳垣全集

CHEN YUAN QUANJI

第十一冊

元祕史音譯類纂（上）

主編 陳智超

北京师范大学出版集团
BEIJING NORMAL UNIVERSITY PUBLISHING GROUP
安徽大学出版社

圖書在版編目(CIP)數據

陳垣全集.第11册,元祕史音譯類纂.上/陳垣著.—合肥:安徽大學出版社,2009.8(2021.3重印)
ISBN 978-7-81110-388-5

Ⅰ.①陳… Ⅱ.①陳… Ⅲ.①陳垣(1880～1971)—全集②中國—古代史—研究—元代 Ⅳ.①C52 ②K247.07

中國版本圖書館CIP數據核字(2009)第155332號

陳垣全集 第十一册
元祕史音譯類纂(上)
陳 垣 著 陳智超 主編

安徽大學出版社出版發行
(合肥市肥西路3號 郵編230039 電話0551-65107716
網址 www.ahupress.com.cn)
合肥遠東印務有限責任公司印製
責任總編輯 楊應芹 彭君華
本册編輯 徐 建 封面設計 孟獻輝
開本 880×1230 1/32 印張 17.875 字數 348千
2009年12月第1版 2021年3月第3次印刷
ISBN 978-7-81110-388-5
定價 2480.00圓(全二十三册)

元祕史譯語類纂 大

二次稿

手書《元祕史音譯類纂》二稿封面

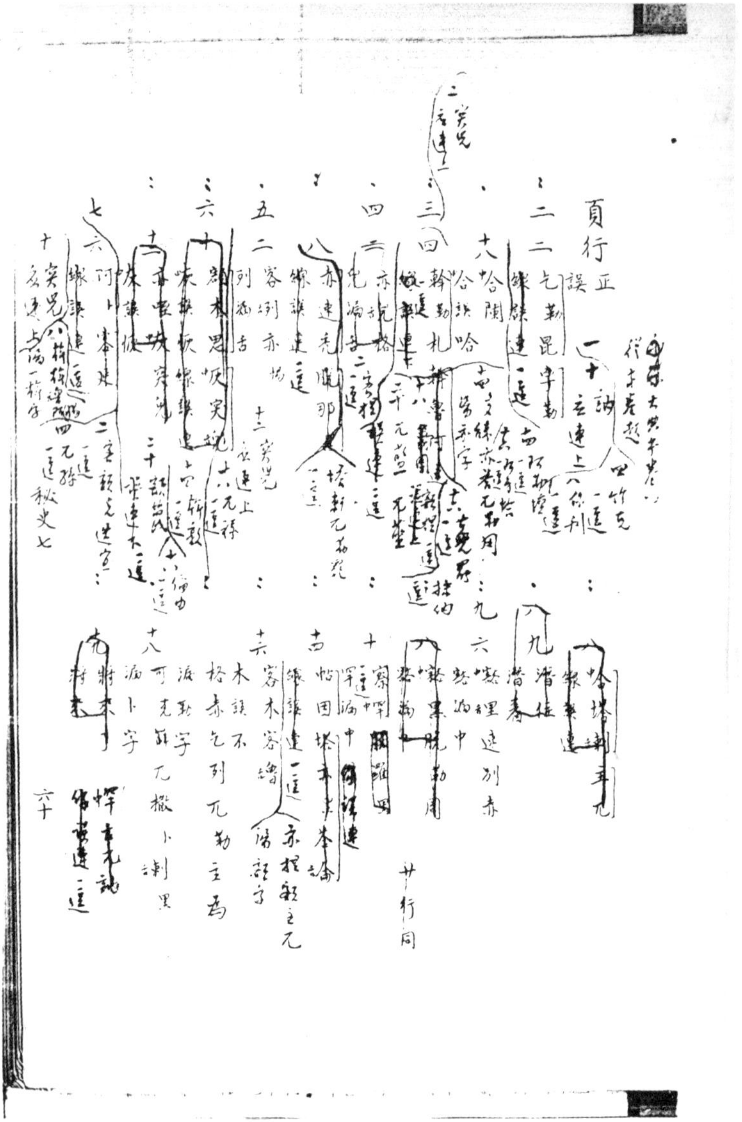

《元秘史校記》手稿

目次

元祕史音譯類纂(下)

元祕史校記

元祕史譯音用字考……一一三三

陳垣全集之十九

元祕史音譯類纂（上）

安徽大學出版社

元祕史音譯類纂　旁譯目録

器服

器服

身體

人物

人物

人物

神秘

人名

人名

人名

都	二七四
多	二七四
朶	二七四
額	二七五
夫	二七五
苟	二七五
古	二七六
哈	二七七
海	二七七
訶	二七七
合	二七八
忽	二八一
晃	二八四
豁	二八五
火	二八六

人名

吉	二八六
可	二八六
客	二八七
窟	二八七
闊	二八七
剌	二八七
馬	二八八
忙	二八八
蒙	二八八
篾	二八九
模	二八九
抹	二八九
木	二八九
那	二九〇
納	二九〇

人名

人名

人名

人名

地名

地名

地名

地名

地名

種名

代名詞

代名詞

雜名

雜名

雜名

性情

性情

通用

通用

通用

通用

通用

通用

通用

通用

通用

通用

人事

人事

人事

人事

人事

人事

人事

人事

雜動

雜動

雜動

雜動

雜動

雜動

元祕史音譯類纂一　天文類

騰格(舌)理	天	一 1 二 15 15 四 40 五 34 六 12 25 七 11 八 44 九 31 十 28 一續 4 24 45 47 二續 5 57
騰吉(舌)里	天	三 22 38 49
騰格(舌)理迭	天行	四 35 五 42 44 44 六 36 七 3 八 9 10 29 41 43 十 43 一續 36 二續 4 11
騰吉(舌)里迭	天行	三 22
騰格(舌)理宜	天行	十 18
騰格(舌)理額徹	天行	八 19
騰格(舌)理突(舌)兒	天行	八 6 二續 13
騰吉(舌)里因	天的	一 13
騰格(舌)理因	天的	七 47 八 39 九 31 二續 28
納(舌)闌	日	一 13 43 43 二 17 28 29 30 32 51 四 38 六 1 9 七 11 11 20 42 九 47 十 12 28 一續 27 46 二續 37

納闌竹克	日處	二51
納舌剌訥	日的	九46
納舌闌突舌兒	日裏	八19
納舌闌納察	日行	八19
納舌剌塔牙	日有行	二續37
撒舌剌	月	一43 43 七11 11
撒舌剌因	月的	一13
撒舌剌兀舌兒	月明	三15
撒舌剌兀舌剌	月明裏	二18
克	風	一19 37 七33
克亦思恢突舌兒	風刮時	三6
孛舌羅斡納	風雪行	十1
孛舌羅罕圖兒	風雪裏	二11
孛舌羅安	風雪	三12
中忽舌剌	雨	三12 八37 37 九12

忽(中)剌(舌)答	雨行	十 1
主薛(舌)列恢突(舌)兒	霖雨下時	八 37
豁(惕)	星每	六 46
豁都台	星有的	十 1 續一 24
火敦納察	星行	七 24 25 26
額兀連	雲	十 12
額兀列台	雲有的	十 1
察孫	雪	一 19
忽泥	煙	六 21 十 24 24
失兀迭(舌)里	露	七 33
不丹突(舌)兒	霧裏	九 8
抹(勒)孫突(舌)兒	冰上	三 26
沫(勒)孫	冰	十 12

元祕史音譯類纂二　時令類

兀都兒	日	一 3 8 11 17 19 二 5 7 17 20 20 22 24 27 33 35 51 三 4 四 20 24 七 34 十 38
兀都(舌)兒	日	三 11 12 29 29 33 44 四 26 40 45 47 五 24 31 六 11 11 23 51 七 19 19 20 21 22 28 34 46 八 12 14 15 16 37 九 3 23 39 39 十 27 43 一續 44 二續 10 37
兀都兒	白日	二 18
兀都兒	日子	二 39 39
兀都(舌)兒	日子	三 4 四 43 五 13 36 八 45 45 46 九 2
兀都(舌)兒	明日	三 43
兀都兒不(舌)里	每日	二 51
兀都(舌)侖	日的	三 17 八 18 九 46 48 二續 39
兀都惕	日每	四 13 19 六 51

兀都舌列	日行	七 4
兀都舌列徹	日子行	四 11 13 五 19 六 20
兀都舌列扯	在前日子	一 44
兀都舌列扯	日自	二 3
兀都舌兒途舌兒	日裏	七 25
兀都舌里耶舌兒	日裏	七 48
兀都兒格因	晝將明	二 42 44
兀都舌兒都舌里	晝午	六 1
兀都舌兒都里迭	日餉午行	六 28
兀都舌里顏	日自的行	七 21
馬納中合石	明日	一 46
馬納中合兒	明日	二 3 20 四 34
馬納中合兒石	明日	四 35 47
馬納中合舌兒	早	八 20 十 26
馬納中合兒不舌里	每早	二 51

馬納(中)合(舌)兒	明早	五 31 十 44 二續 1
馬納(中)合(舌)兒	清早	二 29 三 45
馬納(中)合兒	清早	二 42
馬納(中)合兒額兒帖	清早	二 28
馬納(中)合(舌)兒額(舌)兒帖	清早	七 29
馬納(中)合(舌)魯	明早	五 29
馬納(中)合(舌)魯	早晨	十 44
馬納(中)合(舌)魯額兒迭	明早	六 28
馬納(中)合(舌)兒額(舌)兒帖	明早	五 47
馬納(中)合(舌)兒額(舌)兒迭	明早	五 48 六 29
馬納(中)合石	明早	七 43
馬納(中)合(舌)兒石	明早	六 1 九 16 十 34 35
馬納(中)合(舌)里	早行	六 40
馬納(中)合(舌)里	明早行	七 21 九 47
馬納(中)合(舌)侖	清早的	三 45

雪泥迭	夜行	十 28
雪泥迭	夜裹行	三 16 五 50
雪泥(惕)	夜裹每	六 50
雪泥都里	夜半	四 39 39
雪你	夜	一 17 19 43 46 二 5 20 22 33 33 35
雪你(惕)	夜	一 13
雪你迭	徹夜	二 22
雪你訥	夜的	八 18
雪你迭	夜裹行	六 11 29
桓	年	一 16 三 29 五 14 六 26 九 20 一續 43 52 二續 47 53
桓(惕)	年	一續 51
桓突(舌)兒	年裹	八 34 二續 47 52 53
只(勒)	年	五 17 27 40 七 45 八 2 6 10 24 十 14 一續 1 10 11 36 52 二續 1 13 13 20 58
真(勒)	年	四 30 七 22

豁訥	年的	三29
你多泥	去年	三1 二續3
你刊桓	一年	三29 六26
撒舌剌	月	八34 九20
撒舌剌因	月的	二17 三29 六28
撒舌剌答	月行	二續58
中忽舌闌撒舌剌答	七月行	二續58
察黑	時	三31 七29 一續4
察中渾	時裏	三1
察黑圖舌兒	時裏	一17 五3 九23 一續26
察黑突舌兒	時分	一34
察黑突舌兒	時裏	五9 七46 八10 16 一續24
察黑途舌兒	時行	五43
察黑途舌兒	時裏	八18 35 41
察中忽兀	時敢	一續4

客里	幾時	六41 八15
兀迭	晚	六40 八20 十26
兀迭失	晚夕	二28 30 五49
兀迭石	晚夕	十44
兀迭因	晚夕的	三45 十44
兀迭失迭	晚行	六10
兀迭只勒答	晚夕	十18
兀迭石	晚	六28
只勒答	晚	四34 37 五29 七42 九49
只勒答	晚夕	續二38
只勒答	夕	六28 十18
斡舌剌牙	晚行	七39
中合卜兒	春	一11
中合不舌兒	春	一17 二1 三26 五40 46 八2
主訥	夏的	二17

諄訥	夏的	三 29 七 22
主撒郎	過夏處	一續 43
主撒周	住夏着	六 27 一續 43 52 二續 7
納木兒(舌)	秋	五 17 六 27 七 45 一續 52 二續 1
兀不勒	冬	五 12 17 六 27 27 七 4 二續 1 1
兀不勒者周	住冬着	五 17 六 27 八 2 二續 1
兀不勒者罷	住冬了	五 1 12 七 4
都兀申	黃昏	二 32
赫魯(舌)巴魯(舌)	尚昏時	二 44
禿侖(舌)	初	三 17
土魯(舌)訥	始初的	五 17 17
額朶額	今	一 19 43 二 20
額只額	到今	五 42 44 八 40

元祕史音譯類纂三　地理類

中合札舌兒	地	一 6 6 二 42 三 38 四 49 七 11 一續 5 12 二續 21 22 22 26 53
中合札舌兒	地面	三 44 九 24 24
中合札舌兒都舌里顏	地面裏自的行	二 26 五 17
中合札舌刺	地行	一 3 5 三 9 11 12 22 44 49 四 38 49 六 26 48 七 28 38 38 八 3 44 九 1 31 34 42 一續 3 45 46 47 52 二續 44 47 48 55 55
中合札舌刺	地裏	一 37
中合札舌刺	地面行	五 14 十 16
中合札舌侖	地	五 34
中合札舌侖	地的	六 25 八 7 一續 4
中合札舌魯	地裏	二 1
中合札舌刺察	地處	六 10 17
中合札舌刺察	地行	四 45 45 一續 23 二續 57

温都兒	高地	一 8
闊舌里速台	地皮	續一 24
亦舌兒格台	地栿有的	十 1
阿兀訥兀答	地角行	四 31
脱古門	窊的	一 5
沐舌漣	河	一 15 18 20 36 二 3 5 22 26 36 三 9 四 31 31 33 六 44 八 7 十 12 續一 18 19 39 39 41
沐舌漣惕	河	續二 16
沐舌漣捏	河行	一 32 三 13 14 五 14
沐舌漣捏	河處	一 34
沐舌漣泥	河行	一 37 三 6
沐舌漣訥	河的	一 1 二 42 三 1 8
沐舌漣突舌兒	河裏	續一 39 39
沐舌洌訥	河的	二 38 八 9
沐舌洌敦	河的	六 37

豁中羅舌合中訥	溪的	十40
豁中勒突兒舌	澗行	三30 30
兀孫	水	二3 17 十12
兀速	水	二續48 55
兀速惕	水	一38
兀速惕	水每	一續30
兀速訥	水的	二17 三23 二續21 22
兀速泥	水行	四49 九1
兀速納	水行	五28 七5 5 26
兀速壇	水有的	一續49 二續16
兀速兒舌合中侖舌	尋水	七5
兀速納察	水行	七31
兀速納察	水處	五28
兀孫突兒舌	水裏	八3 33
兀速你顏	水自的行	二續22

巴剌中合速納察　城子每處　八 31

巴剌中合速納察　城處　一續 50　二續 9

巴剌中合速納察　城子行　一續 42　43

巴剌中合惕途舌兒　城行　一續 2　二續 16　32　32

巴剌中合惕圖舌兒　城每裏　一續 50

巴剌中合惕　城每　一續 50　二續 21

巴剌中合孫　城　一續 2　19　45　二續 26　29

巴剌中合孫突舌兒　城行　一續 2　39　49　49

巴剌中合的　城行　一續 50

巴剌中合敦　城每的　二續 27　55

巴剌中合的顏　城子自的行　一續 38

中豁脱惕　城子每　一續 2　2

中豁塔惕　城子每　一續 6

中豁塔惕圖舌兒　城子每裏　一續 6

中豁脱惕巴剌中合惕　城每　二續 21

斡勒客思	山下	七 27
格舌魯答察	背後	一 17
格舌魯舌別舌兒	背後依着	三 25
格魯額舌兒	背陰依着	六 1
格舌魯迭	背陰行	六 1
格舌魯迭	陰行	五 40
抹舌兒	路	二 28 六 12 十 19 19
抹舌兒	道子	九 46 46 十 16
抹兒	道子	九 19 19
抹兒台	道子有的	二 2 2
抹舌兒禿	道子有的	八 21
抹舌兒途舌兒	路行	三 10 32 八 8
抹兒	蹤	二 29
抹舌里牙兒	蹤蹟依着	二 30
抹舌里耶兒	路行	二 19 20

(中)昆途兒	崖行	一 16
(中)忽訥	崖的	三 43
(中)忽納	崖行	十 11
札八	崖縫	二 13
客額兒	野	一 37
客額(舌)兒	曠野	七 38
客額(舌)侖	曠野	三 43
客額(舌)侖	曠野的	六 36
客額(舌)侖	野外的	(二)續 33 33 35
客額(舌)列	野地行	二 29
客額(舌)列	野外	(二)續 33
客額(舌)列	野地裏	二 35
客額(舌)列	野甸行	三 5 6 13 五 13 六 29
客額(舌)列	野甸裏	八 35
客額(舌)列徹	自野甸裏	八 35

納語舌兒途舌兒	海子行	六19
納語舌剌察	海子處	六46
納語舌剌察	海子行	八44
納兀舌兒	海子般	七32
答來	海	十40 續一18
答來因	海內的	續二52
答來突舌兒	海裏	八7
古舌魯	石	二15 四49 50 九1
枯舌魯	石	二16
赤老温	石	二3 四49
赤剌兀泥	石行	九1
中合舌里	邦	三43 續一30
中合舌鄰	邦	續一49 續二17 29
中合舌里	外邦	七48 八18
豁舌林	徑	二50 50

豁舌魯木	徑	十 18 19
豁舌魯米牙兒	徑路依着	十 18
豁舌林剌周	徑依着	二 50 50
阿馬撒舌兒	口子	續一 12
阿馬撒兒	口子行	二 16
阿馬撒舌里	口子行	續一 12
阿馬撒舌剌	口子行	二 15 15 五 32 六 29 續一 12
阿馬撒舌剌	口行	四 20 六 50
阿馬撒舌里牙舌兒	口子依着	續一 12
速別思突舌兒	口子每裏	十 19
豁中失温	山嵴	一 35 36
豁中失兀訥	嵴的	二 26
豁中失兀納	嵴行	續一 1 7
額兒吉	岸	二 6 17 三 10
額兒吉迭	岸行	二 39 41 42 三 10

額列惕	沙磧	六 1 八 15 43 九 16
主不舌剌	川	三 2
主不兒	（川）	一 37 39 三 24
啜勒客	川	一續 1
別勒赤舌里耶舌兒	川依着	六 29
別勒赤舌里耶舌兒	谷口	五 31
竹克	處	二 44 47 三 32 38 47 五 10 六 14 25 28 二續 57
竹克竹克	各各	三 49 七 1 八 5 九 46
竹克列兀勒周	教正了着	八 29
竹克途兒	正行	二續 4 29
竹克突舌兒	各處行	二續 26
竹昆	各處的	二續 47 49 53
竹克竹克	各處各處	二續 18 21 26 55
竹克竹克	各處	五 19
竹克竹昆	各處各處的	二續 47 49 53

竹克竹格徹	各處各處行	二續 48
額禿格惕突兒	處裏	七 16
中合卜察勒	窄狹處	三 18 六 24
中合卜察剌	窄狹處	三 19
乞魯額薛額徹	下馬處	四 8
乞舌魯額迭徹	聚馬處	十 33
乞舌魯額突舌兒	聚馬處	九 46
站	站	二續 49 52 53 53
札木惕	站每	二續 50 50 55
札米牙舌兒	站依着	二續 49
札木的顏	站每自的行	二續 50
中合兒乞圖兒	溜道裏	二 17 18
中忽不舌里	罔	一 35 36 二 30
兀舌兒邦	（土）	六 46
失舌羅埃	土	三 38 八 31

當剌速訥	土塊的	十 40
忽捏速	灰	二 25
忽捏速額舌兒	灰行	三 21
忽捏速額兒	灰般	二 25
忽捏速額舌兒	灰飛般	四 48 五 1 續二 5
斡勒客克	灰土	一 39
脱斡孫	塵	六 2 2 14 14
脱兀速泥	塵土行	六 2
失巴兒	泥	二 48
捏兀里舌惕	程	一 3
中合阿勒中合	闊	續一 2 14
湿納阿因	洲的	四 31
忽亦侖	淀	八 33
脱勒乞思塔剌	震動波浪	一 37
中忽都兀惕	井每	續二 48 55

元祕史音譯類纂四　宮室類

音譯	旁譯	出處
斡(舌)兒朶	宮	九47 十5 7 9 9 9 二續38 39 40 40 42
斡(舌)兒朶突(舌)兒	宮裏	二續42
斡(舌)兒朶格(舌)兒	宮室	三43 六28 七16 十1 5 二續40
斡(舌)兒朶因	宮的	九47 十4 9 9 9 9 10 二續37 40 41 41 41 41 42
斡兒朶因	宮裏的	十4
斡(舌)兒朶思	宮	一續52 二續58
斡(舌)兒朶思圖(舌)兒	宮殿裏	二續20
(中)合(舌)兒石	行宮	二續11
額閔闌	門	一46 二9 三21 21 四22 五44 九47 十38 40
額兀顛	門	八43
額兀闌	門	十39 42 二續37 40 42
額閔闌訥	門的	四22

額閏迭臣	把門的	十 5
額閏迭訥	門子的	九 6
額閏迭訥	門的	六 39
額閏迭臣	把門的每	七 21
額閏闐別舌兒	門裏	三 20 20
額閏闐揑徹	門行	四 22 23
額閏闐突舌兒	門行	七 20
額閏闐突兒	門裏	十 5
額閏闐赤	把門的每	七 20
額兀迭延	門自行	二 41
額兀迭帖泥	門有的每行	八 30
額額迭	門框	三 6
孛莎中合	門限	四 22 十 39
孛莎中合因	門限的	四 22 六 39 九 5
孛莎中合答察	門限行	四 22 22

孛莎中合突舌兒	門限裏	八 28 28
中合阿勒中合	門	二 47
阿剌閏納	門後行	九 13
阿剌兀納	門後行	五 39
朵脱中合因	門額的	一 13
格兒	家	一 10 11 38 45 45 48 二 4 22 24 29 42 45 45 45 45 四 24
格舌兒朵脱舌剌	家内	三 46
格舌兒朵脱舌剌	家裏	四 24
格舌兒竹克	家處	三 47
格舌兒	家裏	一 26 34 三 3
格兒	家裏	一 22 22
格舌兒	室	六 28 七 16 十 1 5 9 續二 39 40
格舌兒帖	家裏	九 12
格兒禿兒	家裏	二 7
格兒圖兒	家裏	二 11 21 23 24 34 45 45

格舌兒圖舌兒	房子裏	五 15 16 19 46
格舌兒格舌兒連	房做着	二 50
格兒連	房子做着	二 50
格亦惕禿舌里顏	家每裏自的行	二 49 49 四 16
格舌侖	家的	二 22 27 九 14
格舌侖	家	十 43
格舌侖	家裏的	二續 33
格舌里額	家自的行	十 24
脱舌兒古惕	家	一 42
嫩禿黑	營盤	一 45 八 42 九 24 24 十 9 一續 30 二續 2 48 48
嫩禿黑阿察	營盤行	九 11
嫩禿黑闌	營盤做	二 39
嫩禿黑壇	營盤有的	一續 8
嫩禿黑圖	營盤有的	二續 4
嫩禿黑壇備	營盤有的有	二續 2

阿兀舌魯兀惕	家每自的	八	4
阿兀舌魯兀惕	老小營	四	18
阿兀舌魯黑圖舌兒	營盤裏	一續	18 19
阿兀舌魯黑圖舌兒	老營裏	二續	20
阿兀舌魯兀惕突兒	家每裏	八	4
阿兀舌魯兀惕圖舌兒	老小營裏	四	18
阿因勒	營	二	21
阿因勒突舌兒	營裏	三	20
阿寅勒圖兒	每營裏	二	17
古舌列額舌列克先	下營了的	四	39
古舌列額列周	扎營着	四	38
古舌列額列克薛惕	下營來每的	四	45 45
古舌列延	營	五	12
中豁勒突舌兒	大營裏	四	34
中豁兒中豁	寨	二	13

中豁舌兒中合	寨子	四14 八14
中豁兒中豁剌黑三	寨做了的	二26
中豁舌兒中合剌黑三	寨子把了的	四16
中豁舌兒中合剌黑撒惕	寨子把了的每	五20 八1
中豁舌兒中合剌黑主兀	寨子把了來	五20
中豁舌兒中合剌主為	寨子把了	八1
中豁舌兒中合剌黑撒的	寨子把了的行	四14
中豁舌兒中豁剌兀勒周	寨把着	二續5
中豁舌兒中合納察	寨子處	四14
中豁舌兒中合黑撒惕	寨子把了的	五20
中豁舌兒中合剌黑撒惕	把寨子的	八4
中忽舌魯阿	寨	二續57
額額迭	帳房骨子	三13 13
阿剌出中合	帳房行	三30
阿剌出中合	帳房	三30

格兒魯格	帳房下樁	三38
中豁失里黑	帳房	十41
中豁失里中渾	帳房的	二15 16 十42
中豁室都舌里顏	房子自的行	五49
帖舌兒篾	撒帳	七2 二續4 5 7
秃兀舌兒中合塔泥	帳牆有的行	八30
約兀舌兒中合	牆	二續57
脱兀舌兒中合秃	帳裙有的	八24
約兀舌兒中合秃	牆有的	八31
失勒帖速台	編了壁子有的	十1
額舌魯格	天窗	一13 三6 13 十20 42 43
斡舌魯格台	天窗有的	十1
中豁舌里牙安	院子	三19
阿藍	車底	三45
粘不列	庵	一15 17

古列額惕	圈子每	四	4
古舌列額訥	圈子的	八	36
古舌里延	圈子	二	30
古舌里額訥	圈子的	二	30
豁團	圈子	三	45
中豁團突舌兒	圈子裏	七	33

元祕史音譯類纂五　器服類

阿牙(中)合撒巴都(舌)里顏	器皿自的行	九 46
阿牙(中)合撒巴	器皿	七 2 九 46 十 4 二續 9 11 39
阿牙(中)合	盞	七 9 二續 29
折(舌)兒折卜薛克	器械	十 19
篾薛思	器械	二續 18
篾薛都(舌)里顏	器械裹自的行	二續 18
者別	器械	十 8 二續 48
(中)合卜塔(中)孩	匾	一續 25
帖(舌)兒堅	車子	一 35
帖兒堅	車	二 46 五 2
帖(舌)兒堅	車	六 23 23 十 7
帖(舌)兒堅	車子	三 46 二續 39

帖兒格揑扯	車自	二	47
帖兒格揑扯	車子自	三	15
帖舌兒格揑徹	車處	四	40
帖舌兒格揑徹	車子行	十	29
斡列格台	搖車的	一	41
斡列該	搖車	四	14
斡列該台	搖車裏	八	28
斡列該帖額徹	搖車自的行	九	5
騰格里	車軸	二	46
騰格里邊	車軸自的行	二	46
騰吉思格台	(車軸)有的	三	46
赤温突舌兒	車轄裏	九	12
赤温突舌兒	車轄行	五	19 20 20 20 26
赤兀	車轄	三	46
完勒只格	車前	一	35

完勒只格台	車前有的	一 45
合(中)剌(舌)兀	黑車	一 35
合(中)撒黑帖兒堅	大車	一 44
古兒(舌)敦	輪	六 23
古兒(舌)都台	輪有的	六 23
古兒(舌)都邊	輪自的行	六 23
古兒(舌)都訥	車脚的	七 28
乞魯昆	轅條	六 23
乞勒昆	轅條	七 2 九 16
乞勒昆	車轅	八 14
乞魯古台	轅條有的	六 23
乞魯古邊	轅條自的行	六 23
乞里古	車轅	一 37
阿馬撒剌(舌)	車口行	二 24
客客孫	車輻	續二 54

兀主兀舌列	梢行	五 41 十 39 40
兀主兀舌列	梢頭行	六 49 八 10
兀主兀舌列	梢頭	九 13 二續 17
闊勒格	駕車的	十 41
可門勒都兒格	扳胸	二 15 15
可門勒都兒格列克 薛額兒	扳胸依舊扣着	二 15
只羅阿	牽胸	八 43 一續 36
只魯阿	牽胸	二續 29
額篾額勒	鞍子	二 15 15 25 十 33 35
額篾額里顏	鞍子自行	二 41
額篾額勒禿	鞍有的	六 49
額篾額勒禿	鞍子有的	七 25 九 48 二續 39
額篾額勒禿宜	鞍子有的行	七 22
額篾額侖	鞍子的	八 8

戈勒篾	鞍韂	三	5
影吉舌兒察黑途舌兒	單鞍行	六	12
迭勒別格迭扯	韁索行	一	37
不吉牙	韁繩絆蹄	二	50
赤勒不舌兒	韁繩	三	15
赤勒不兒	韁繩皮	四	8
只魯阿	轡繩	三	15
中合答阿舌兒	轡頭	八	8
中合答阿舌兒禿宜	轡有的行	二續	39
中合答阿舌兒禿宜	轡頭有的行	九	48
赤出阿	鞭子	二	8 10 12
		三	48
米納阿	鞭子	一續	32
米納阿壇	做鞭有的	七	33
兀兀兒中合	套馬竿	二	32
兀中忽舌兒中合禿	帶套竿的	八	6

兀兀兒(中)合巴(舌)里顏	套馬竿教自的行	二 32
只答	槍	十 4 二續 39
只答班	鎗自的行	三 7
只答巴兒	槍	二 3
鑽答突(舌)兒	鎗裏	六 3
鑽答禿	鎗有的	七 35
速木	箭	二 25 32
速木你顏	箭自的行	三 8 8
速門	箭	四 49
速木赤	削箭的	二 16
速木的顏	箭自的行	五 49 50
速木納	箭行	六 13 八 2 九 16
速木訥	箭的	六 49
速木班	箭自的行	七 38 38
速木班	箭自的	二 9

昂中忽阿	箭名	七 38
客亦不舌兒	箭名	七 38
失把因	亂箭的	八 2
兀出馬中合舌兒	箭名	八 43
桓禿察周	遠箭射着	十 30
乞禿中孩	刀	五 20 九 14
乞禿中孩	刀子	五 2 九 15 15
乞禿中孩舌里顏	刀兒自的行	二 16
乞禿中孩亦牙舌闌	刀子自的行	五 3
乞禿中孩巴舌兒	刀子教	九 14
乞禿中孩巴舌兒	刀教	六 34
乞禿中孩班	刀自的行	九 13 14
兀勒都	刀	六 3
兀勒都思	刀每	三 46
兀勒都禿	刀有的	七 35

兀勒都	鐶刀	七 33
兀勒都額兒舌	教環刀	四 9
温勒都别延	環刀自的行	三 8
中忽牙黑	甲	七 37
中忽牙黑	甲每	續二 48
中忽牙吉顔	甲自的行	三 8
弩木	弓	二 25 32 十 8
弩木壇	弓共有的每	三 26
弩木惕	弓每	續二 48
弩門魯額邊	弓一同自的行	七 16
石兀赤	鏨子	七 33
失兀赤	鏨子	十 19
失兀赤	鏨子般	七 32
中合勒中合壇	團牌每	一 45
中合勒中合	團牌	三 18

(中)合勒(中)合	倘牌	八 46
禿(舌)剌思壇	方牌有的每	四 37
速客	斧子	九 14 十 19
速客別(舌)兒	斧子教	九 14
兀(中)合里	錛子	十 19
乞(舌)魯額	鋸子	十 19
乞(舌)魯格迭兀勒周	教鋸着	十 19
不(舌)里額禿宜	器皿中盦來有的行	四 40
不(舌)里額台	器皿中盦來的	四 40
南不(中)合	大皮桶	二 25
南不(中)合	皮桶	二 29 35 35
喃不(中)合	皮袋	八 35
南不(中)合剌周	皮桶盛着	一續 25
撒兀魯(中)合班	皮斗自行	二 29

别舌里耶	杖子	二續 46
别舌里耶因	杖子的	二續 46
赤魯篾古卜赤兀兒	網	二 7
歌勒迷	旋網	八 7
中忽卜赤兀舌兒	拖網	八 7
訶斡申	網索	十 8
脱中豁斡惕	鍋每	四 4
脱中豁阿泥	鍋行	二續 35
古兀舌兒格	鼓	十 4
客兀舌兒格	鼓	二續 39
可兀舌兒格因	鼓的	三 5
可兀舌兒格邊	鼓自的行	三 7 8
中火爐木塔	火盤	二 10
中豁魯木塔	火盤	十 40
中豁魯木塔因	火盤的	十 39

中豁多里都黑撒泥	髏頭射了的行	二	9
中豁多里	髏頭	三	26
約舌里顏	響髏頭自的	三	26
斤只列周	鐵索	七	33
斤只邊	鐵索自的行	七	34
折兀別兒	針行	二	7
帖別揑迭	大針行	七	36
失必勒格舌兒	練椎	九	14 15
失不勒格舌里顏	練椎自的行	一	37
石不格	錐子	七	33
石不格迭	錐子行	七	36
抹額列惕抽	椎着	二	50 51
抹客額列惕罷	椎了	六	12
不列兀惕	撞馬乳椎	四	10
窟兀兒格邊	扇爐的風匣行	二	41

古(舌)列格邊	風匣自的行	九 5
客帖	火鐮	二 25
答卜赤禿	蓋子有的	三 5
汪格古顏	塯蓋自的行	八 8
禿速(舌)兒格	甕	四 6 7
禿速(舌)兒格	酒局	十 5 二續 42
禿速(舌)兒格因	酒局的	九 10 十 38
古(舌)魯額	酒局	七 2
盞討兀	盂	七 7 7
捌斡(舌)兒(中)合台	鎖有的	三 46
朶(舌)列卜赤禿	環子有的	四 17
(中)合答阿孫	釘子	六 16
(中)合答兀勒罷	釘了	六 16
察里(舌)兒	鐵鍬	八 7
汪吉禿	柄有的	三 8

撒勒	筏子	三 6 13
忽舌剌中合剌周	套	一 16
失額克帖額徹	尿壺行	八 28
稱古勒圖克禿	銅灌的	三 26
失阿因	髀石的	一 40
石阿	髀石	三 26 26
石阿勒札中灰突舌兒	打髀石的時	三 26
阿兀舌兒	碓	五 13
禿黑	旄纛	六 42 七 22 八 24 十 4 續二 39
禿黑壇	旄纛每	六 3
禿黑剌周	英頭拿着	二 4
禿乞顏	英頭自的	三 8
禿乞顏	英頭自的行	三 7
中合勒不中合	匙般	續二 54
失納中合	杓	續二 35

充	鐘	六 34 35
察阿勒孫突舌兒	紙行	八 31
迭額勒	衣服	一 20
迭額勒禿	衣裳有的	三 23
迭額勒禿	衣有的	四 45
迭格勒禿	衣服有的	六 39
迭額勒中忽卜察速你顏	衣服自的行	四 39
中忽卜潺	衣服	四 18
中忽察孫	衣服	四 42
中忽卜察孫	衣服	四 42 九 48 二續 39
中忽卜察速	衣服	七 11
經額勒	衣服	九 20
經額侖	衣服的	十 12
迭額里顏	衣裳自的行	三 7
納卜褡舌兒中孩	破衣	三 20

羥克經額勒台	羊皮衣有的	三 20
捏勒客	褯衣	九 5 6
答中忽	襖子	二 39 39
答中忽宜	襖子行	二 39
答中忽因	襖子的	二 40 40
褡中忽	襖子	三 1
褡中忽因	襖子的	三 1 2 2 2
答中忽	皮襖	五 13
攙察班	衫兒自的	一 35
札中合禿	領	一 20
札中合思	領	四 27
札中合班	衣領自的行	三 50
札中合巴舌兒	領教	十 36
札中合察	領行	續一 23
札中合答乞	衣領上的	四 47

札中合因	領的	八 18
札中合	衣領	十 38 38 38
札中合突舌兒	領行	一續 22
中罕出班	袖自的行	四 8 一續 25
中罕純	袖裏	五 20
中罕出刺周	袖着	五 20
中罕出惕	袖每	十 29
中罕出惕	衣袖	十 28
中罕出的顏	衣袖自的行	十 40
中豁舌兒埋	衣襟	一續 25 二續 8
札興温	底襟的	八 18
孛黑塔刺周	固姑冠帶着	二 5
孛黑塔刺周	梳頭着	一續 26 26
綽黑台	固姑	三 24
馬中合來	帽	四 39 十 28 29 39 39

馬(中)合來班	帽子自的行	二	51
馬(中)合來秃	帽兒有的	三	23
馬(中)合來因	皮帽的	續一	29
(中)忽都孫	靴	四	39
(中)忽都速秃	靴子有的	三	23
朶脱阿只秃	袴有的	四	39
額木敦	袴	四	42
不薛	帶	三	27 28
		十	28 29
不薛邊	帶自的行	二	51
不薛因	帶的	十	12
斡郎	肚帶	二	15
斡郎剌(黑)撒阿兒	肚帶依舊扣着	二	15
斡郎你顏	肚帶自的行	五	28
赫里格(卜)赤秃	兜肚有的	四	17
亦薛(舌)里	床	六	21

亦薛舌里因	床的	二24 九13
亦薛舌里耶舌連	床教自的行	五50
款只列	被	四14
款只列迭延	被子自的行	三28
管只列迭延	被子自的行	八17
款只列亦顔	被兒的	十36
款只列迭延	被兒裹自的行	一續24
斡舌鑾	被窠	十1 35 36
迭舌列	墊背	五3
迭舌列	藉背	五20
迭舌列禿	枕頭有的	六46
迭舌列列古訥	枕的	八38 40
迭舌列列周	枕着	一續25
迭舌列突兒	枕行	一續25
察赤舌兒	帳子	二續29

不舌里克先	幔了的	三 7 8
亦思該	氈	三 47 47 八 30
昔思該	氈	八 24
脱羅黑	大氈	七 9
揑木舌兒格邊	氈衫自的行	八 37
揑木舌魯克薛額舌兒	氈衫披着	八 37
斡舌兒篾格	毽子	一續 9
斡舌兒篾格邊	毽衫自的行	八 36
斡兒木格邊	毛衫自的行	二 38
中豁舌兒埋	裙	七 31 32
別舌里額思	條子	九 42 42 42
別舌里額因	條子的	九 43
別舌里額	條子	九 43
別舌里額迭速	條子打呵	九 43
木速惕	條子	十 19

阿(舌)剌孫	皮	一 8
阿(舌)剌孫你牙(舌)兒	皮子教	三 7
阿(舌)剌速巴(舌)兒	皮子教	三 8
亦赤勤札(舌)兒(中)合(黑)	粉皮	三 23
(中)合(惕)(中)忽(舌)剌速禿	有挑皮的	三 8
忽迭速禿	皮穿來的	三 8
阿(舌)兒(中)含只顏	麻繩自的行	一續 20 35
不吉	繩	二續 54
脫(舌)兒(中)罕	縴絲	四 17
脫(舌)兒(中)合(惕)	段匹每	十 13
脫(舌)兒(中)合(惕)	段匹	十 13
乞不兀的牙(舌)兒	熟絹教	一續 7
額額篾(克)	圈的	四 17
斡那剌罷	扣了也	三 8 8
斡那禿	扣子有的	三 8

斡那舌兒	扣子	三	4
揑勒克	裏兒的袄	二	41
中忽赤阿速	包裹呵	一續	31 31 33 33
阿兀舌剌速	匹帛	十	8
阿兀舌剌孫	段子	十	13
阿兀舌剌速惕額惕	段匹物	一續	5
阿兀舌剌孫	段匹	一續	6 7 9 15 47 二續 4 26 48
阿兀舌剌孫	段匹每	一續	10
阿兀舌剌速	段匹	一續	15 15 16
忽舌兒帖速揑徹	碎裁帛行	十	12
納赤惕	金段子	十	13 13
納中忽惕	渾金	二續	27
納赤都惕	織金	二續	27
答舌兒答思	渾金段子	十	13 13
答舌兒答思	繡金	二續	27

合兒$_{舌}$台　紋有的　一續15 16

合$_{中}$兒$_{舌}$禿　紋有的　二續26

元祕史音譯類纂六　珍寶銅鐵類

阿勒壇	金	三27 28 四17 22 22 六48 七2 2 7 7 八28 十7 12 13 13 一續5 5 6 6 15 15 20 35 36 47 二續4 9 9 14 21 26 26 29
阿勒塔塔宜	金有的行	七6
阿勒塔台	金有的	一續15 16 二續26
阿勒塔壇	金有的	二續26
答子	金	四17
蒙琨	銀	四14
蒙昆	銀	一續5 6 15 二續4 9 21 26
蒙古	銀	十13 13 一續47
速客思	銀錠	二續48
失舌列門	生銅	七33
失舌列木額舌兒	教生銅	七36

元祕史音譯類纂七　身體類

音譯	旁譯	出處
別耶	身子	一 20 五 3 5 七 31 九 33 十 6 7 36 37 43 43 續一 8 21 21 續二 11 14 40 42
別耶	身	七 36
別耶中合的牙舌兒	身子獨自自的行	九 33
別耶延	身自的行	二 50 四 50
別耶昔顏	罄身自的行	七 5 45
別耶昔顏	身子自的行	三 14 五 6
別耶思	罄身	六 45 八 2
別耶失勒	身材模樣	七 19
別耶宜	身行	八 2
別耶察阿答	貼身	十 3

別耶邊	身子自的行	八 32
別耶中合惕	身體	九 42
別耶突舌兒	身行	二續 23
別耶禿	身子有的	一 27
別昔顏	罄身自的行	四 20
古舌魯蔑列	苗條	五 25
中合兒必	胞衣	二 11
中合舌兒必速安	胞衣自的行	十 29
中合中忽納中合察	衣胞行	一續 25
客客	胞漿	三 37
牙速	骨	七 43 八 22 22
牙速	骨頭	八 2
牙速禿	骨頭有的	五 1
牙速禿	骨頭的	三 21
牙速訥	骨頭的	十 21

牙孫	骨殖	六 19
牙孫	骨	八 20
牙孫魯阿	骨頭一同	七 16
阿鑾你(舌)里兀	鎖子骨	四 49
阿鑾你(舌)魯兀	鎖子骨	四 50
米(中)合	肉	一 8 七 34 34 八 12 一續 13 二續 39
米(中)合阿(舌)兒	肉教	七 33
米(中)合巴(舌)兒	肉教	七 37
米(中)罕	肉	十 4
額兀坤突(舌)兒	脂膏裹	一續 31
斡兀坤突兒	脂膏裹	一續 31 33
失(舌)兒不孫	筋	六 45
兀耶列罷	筋節了	六 21
赤孫	血	四 9 38 39 41 五 11 14 六 13 13 14 26 34 七 26 九 16 16
赤速	血	八 20 22 22

帖(舌)里兀帖	頭行	七22
帖(舌)里兀揑徹	頭處	七24
帖(舌)里兀揑	頭行	十39
帖(舌)里温	頭	二17 三19 29 七9 9 22
帖(舌)里温突(舌)兒	頭行	十43
帖(舌)里温都(舌)里顔	頭自的行	三18
額乞(惕)	頭	續二38
赫乞	頭項	二17
許速班	髮自的行	七43
客古里顔	鬌揫	一37
失里温	清俊	七11
赤(舌)來	容顔	二11
赤(舌)來	顔色	一35 35 七42 八17 17 十45 續二17 34
赤(舌)來班	顔色自的行	八44
赤(舌)來壇	顔色每	一35

只孫	顏色	一 44 45
汪格只速	顏色	一 34
只速額(舌)兒	容貌依着	六 20
塔剌	容貌	八 46
失(勒)	狀貌	九 32
失(勒)	模樣	七 19
莽來	額	一 3 一續 26
莽來壇	額顱有的	七 33
莽來因	額的	一續 25 46
莽來禿	頂兒有的	三 26
額乞	腦	一 28
額乞(惕)	腦每	九 47
斡(舌)兒(中)豁里牙(舌)兒	腦頂教	二續 54
你兀兒	面	一 43 46 二 18
你兀(舌)兒	面	三 21 九 4 4 二續 24

你兀舌兒	面皮	七27 48
你兀兒亦列	面露着	二17
你兀舌兒中罕	通面皮	六24
你兀舌兒台	面皮有的	七7
你兀舌里顏	面皮自的行	八17 17
你兀舌兒都舌里顏	面自的行	五3
你兀舌兒途舌兒	面皮行	五16
你敦	眼	一43 二18 三38 四24 40 42 43 五3 八30 續一17
你都秃	眼	一3
你敦秃	眼	一46
你敦都舌里顏	眼自的行	三38
你敦都舌里顏	眼裏自的行	三23 五3
你敦突舌兒	眼裏	三39
你敦你顏	眼自的行	七26
你敦延	眼自的行	續二21

你靚訥	眼的	二10 九34 十23 二續44
你睹訥	眼的	五26
你靚捏扯延	眼自的行	六14
你靚邊	眼自的行	一續25
希兒舌篾思	瞬眼	十2
你勒不速	淚	十27 36 40
你勒不速巴兒	淚教	二34
你勒不速安	淚自的行	十38
你勒不孫	淚	六14 十37
鎖豁中兒舌	瞎	五14
莎豁中兒舌	瞎	六26
阿馬	口	五49
阿馬訥	口的	二10 六13 九16
阿馬安	口行	二19
阿馬安	口自的行	四39

阿馬阿舌兒	教口	四 39 43 七 42
阿馬阿舌兒	口	五 37 37
阿馬阿舌兒	口教	六 22 22 22 八 15 九 25 續一 28
阿馬阿舌魯	口教麽	六 22
阿馬阿舌里顔	口教自的行	六 13 九 16
阿馬禿	口有的	五 43
阿鑾	口	二 25 四 25 49 50 五 40 六 53 八 10 21 43 九 20 續二 21 31 32
阿鑾突舌兒	口裏	八 28
札巴只你牙舌兒	胳依着	六 13 14
札巴只牙兒	口胳	九 16
中豁失兀壇	觜有的	七 33
失都邊	牙行	二 19
速都額兒	牙	五 37
速都額舌兒	牙教	六 22 22
速都禿	牙有的	五 37 六 22

阿舌⿱剌齒阿禿	大牙有的	五 37
阿舌剌阿禿	大牙	六 22
失吉顔	牙縫中	一續 25
客列額舌兒	舌	五 37
客列額舌兒	舌教	六 22
客列額舌魯	舌教麽	六 22
客列禿	舌有的	五 43
客列邊	(舌)自的行	五 49
客列田	舌有的	七 33
客連	舌	八 10 二續 21
亦舌魯該亦顔	下唇自的行	四 27
失魯速你顔	涎自的行	一續 25
失列篾勒舌亶	垂涎	七 34 36
失列篾勒扯周	垂涎着	七 36
撒中合勒	髯	八 28 28

撒中合勒壇	髯有的	二續29
古主温	頸項	九1
古主温都舌里顔	項自的行	二51
古主兀惕	項頸每	三46
古主渾迭乞	項頸行的	四47
古主兀揑徹	頸項行	九11 一續26
古主兀	頸項	二續27
速只牙速班	項脉自的行	六13
速只阿速班	項脉自的行	九16
速只牙速班	項頸脉自的	四38
中合察舌兒	腮	一44 六16 16 36 七48 八43
中合察舌兒途舌兒	腮行	六16
中合察舌兒中豁阿	腮美	三43
中合察舌里顔	腮自的行	六9 七26
額舌里温突舌兒	下頷裹	八28

赤勤	耳	四24 八30 一續17
赤乞邊	耳自的行	一續25
(中)合巴(舌)兒	鼻子	二續54
(中)合巴(舌)剌察	鼻行	十24
你孫	涕	二34
(中)豁斡來	喉嚨	一16 二5 五3 九9
(中)豁斡來都(舌)里顔	喉嚨自的行	七37
(中)豁斡來顔	喉嚨自的行	一續26
(中)豁斡剌牙	喉嚨行	三30 30
扯客(舌)列因	腔子的	二40
扯客(舌)來因	腔子的	三2
只勒都	半截腔子	一8
木(舌)魯	肩	四19
木(舌)魯	肩甲	一31 四8
木(舌)魯迭周	肩上拿着	四27

木舌魯思	肩甲	九 47
額格箆徹	肩甲行	九 11 一續 26
額甘突兒	肩行	一續 26
你舌魯兀	脊梁	四 3 27 28 十 39 40
你舌魯兀班	脊梁自的	四 28
你舌魯兀班	脊梁自的行	四 29
你舌魯溫	脊	二續 24 24 24
你舌里溫	脊	一續 43
阿舌魯	脊背	七 29
阿舌魯迭額	背上	一 37
豁中勒答阿舌里禿	脊梁瘡有的	一 15 16
卓中忽都思	脊肉順	二 3
闊闊	乳	十 29 30
闊闊惕	乳每	十 30
闊闊克先	乳了的	十 29

闊刊	乳	十 29
闊闊的顏	乳每自的行	十 29
徹額只	胸懷	三 49
扯額只	胸膈	二 40 十 30 30 30
扯額只	胸懷	八 46
扯額只突舌兒	胸膈裏	三 2
額徹兀邊	胸前自的行	二 50
額ト徹温都舌里顏	胸自的行	二 51
額ト扯兀邊	胷自的行	六 12 十 36
額ト扯兀惕	胸前	續二 30
額ト扯温突舌兒	胸前裏	續二 31
斡抹舌里兀惕	胸每	三 46
額不舌里惕坤	可懷抱的	三 21
額不舌里惕罷	懷抱了	三 21
額不舌里惕抽	懷着	五 13 15

額不(舌)里顏	懷行自的	三 4
額不(舌)兒安	懷裏自的	一 37
額不(舌)兒	懷	三 5 22
額不(舌)兒途(舌)兒	懷裏	八 46
額不(舌)兒禿(舌)里顏	懷裏自的行	二 43 十 39
速兀都(舌)里顏	肘腋裏自的行	九 13
(中)合兒	手	九 14
(中)合(舌)兒	手	一 43 43 二 11 三 2 2 4 五 41 七 12 14 14 14 八 13 13 13 九 15 十 43 一續 8 8 35 35 二續 3 46 47 55
(中)合(舌)兒圖(舌)兒	手裏	一 43
(中)合(舌)兒禿(舌)里顏	手自的	一 40
(中)合(舌)兒禿(舌)里顏	手自的行	二 51
(中)合(舌)兒都(舌)里顏	手自的行	八 9
(中)合(舌)兒都(舌)里顏	手裏自的行	二續 11
(中)合(舌)里顏	手自的行	二 51

中合舌里牙舌兒	手用	四 27
中合舌侖	手的	八 1 38 40 九 28 29 十 14 一續 18 41 二續 13 13 52 52
中合舌剌察	手行	一續 23 23
中合舌里牙舌里顏	手教自的行	九 14
中合舌兒答黑三	下手的	八 14
中合舌兒答周	下手着	五 5 5 7 八 12 二續 10 10
中合舌兒塔周	下手着	八 45 九 28 28
中合舌兒答罷	下手了	五 2 2
哈剌中合訥	手掌的	四 49
訥都舌兒中合	拳頭	九 44 二續 46
訥都舌兒中合失顏	拳頭自的行	九 14
訥都舌兒中合因	拳頭的	九 43 二續 46
中忽舌魯兀	指頭	一 33 33
中忽舌魯兀敦	指每的	二續 32 32
中忽舌魯兀訥安	指自的	六 34

乞門勒	指甲	一 33
乞木勒	指甲	二續 32 32
赫舌列該突舌兒	大拇指行	四 25
赫舌列該顔	大拇指自的行	一續 23
脱里	指彈	六 34
客額里	肚	六 36
客額里	肚皮	一 13 14 37 三 37 43 七 27
客額里突兒	肚皮裏	一 13
客額里突舌兒	肚裏	四 41
客額里台	肚皮有的	一 22 23
客額舌里台	懷孕	一 40
客額里迭徹	肚皮裏行	一續 24 25
阿必惕	肚臟	一 8
敦答	半孕	一 22 23
中合必兒哈兒	肋扇	一 8

哈必兒哈塔	没肋扇的	一39
(中)合必(舌)兒(中)合	肋扇	四1
薛惕乞勒	心	三48 四1 1 42 42 43 五4 7 46 六40 七10 48 八18 九9
薛惕乞勒突(舌)兒	心裏	三48 八41 十31
薛惕乞勒秃	心有的	八17 一續27
薛惕乞里顏	心自的行	六40 九2 25 一續46
薛惕乞侖	心的	八36
都(舌)剌秃	心有的	四42
都(舌)剌	心	五39 40 六33 二續34
都(中)剌不勒(中)合罷	惡心了	二續10
都(舌)闌	心	五44 六14 一續24
朶脱(舌)剌安	心内	五39
斡(舌)列	心	四23 七38
斡(舌)列	心窩	八14
斡(舌)列田	心有的	七33

斡舌列邊	心自的行	二 1
斡舌劣	心	三 5
斡舌羅	心窩	二 21
只舌魯格	心	三 48 七 27 28 29 29 十 1 19
只舌魯格邊	心	二 21
只魯格禿	心有的	四 25
主舌魯格	心	四 2 六 40 42 48 二續 2 35
主舌魯格邊	心自的行	八 14 15 20
主舌魯格揑徹	心行	一續 25
主舌魯堅	心	一續 24
扯額只突兒	心懷裏	九 23
阿兀失吉	肺	四 25 八 15
阿兀失吉禿	肺有的	一 8
赫里格	肝	三 5 23 五 13 15
赫里格訥	肝的	三 4

赫里格突(舌)兒	肝行	四25
赫里格秃	肝有的	七39
赫里格圖	肝有的	二續30
額里格(惕)	肝每	四22
雪(勒)速台	膽有的	二5
雪(勒)速秃	膽有的	四25
雪(勒)速壇	膽有的	四25
孛額(舌)列	腰	二44 46
孛可(舌)列因	腰子的	二40
孛可(舌)來因	腰子的	三2
速別額薛赤周	腰窩戳着	四1
(中)管只牙孫	白腸	三45
(中)灰亦顔	臍帶自的行	十29
(中)忽牙	腿	一9 35 五34 六30
(中)忽牙	大腿	一36

中忽牙	腿子	三 43
中忽牙	後脚	六 36
阿剌突舌兒	腿叉裏	八 28
額不都克	膝	十 29
額不都克帖	没膝的	一 39
額不都克列周	肐膝按着	四 27
中合舌兒中含	胯	六 36
中合舌兒中含	後胯	七 29 48
中合舌兒中含	臀節	三 43
中合舌兒甘突兒	後胯行	一續 26
撒阿舌里	臀	四 27
中忽揚忽札兀舌兒	臀尖	六 49
孛克薛	臀	九 1 二續 34
孛克薛禿	臀有的	二續 34
孛克薛圖兒	尖兒裏	二 40

孛(克)薛突(舌)兒	尖兒裏	三 2
闊(勒)	脚	二 46 五 41 七 12 九 43 十 43 (二)續 27 46 47 55
闊(勒)圖兒	脚頭裏	二 24
闊(勒)突(舌)兒	脚裏	八 46
闊(勒)都(舌)里顔	脚裏自的行	九 11
闊(勒)都(舌)里顔	脚自的行	八 29
闊(勒)禿	脚有的	八 24
闊里顔	脚自的行	六 13 八 37
可里耶(舌)兒	脚用	四 27
(中)合	前脚	六 36
兀剌突兒	脚底上	(一)續 25
兀剌因	脚底的	(一)續 26
不(舌)兒備	脚後根	(一)續 26
斡雪格亦耶(舌)兒	教脚後根	(二)續 29
斡(勒)迷亦耶(舌)兒	教脚面	(二)續 30

札必闌	盤脚	二 10
札必闌	盤	十 29
孛兒必	脚後筋	四 22
孛兒必	後跟	二 11
孛(舌)兒必你顔	脚後根自的行	續一 29
阿兀(舌)兒	氣	續二 34
忽你(舌)兒	氣息	七 44
忽訥(舌)兒	氣	七 11
忽訥兒	香氣	一 35
闊列孫	汗	續一 25 26 46
失額恢	尿處	七 28
你出裩	赤裸	四 8 8 41 42 六 39
出(舌)剌麻你出裩	赤裸	四 39
(中)豁多黎	禿	一 15 16
塔木塔剌	禿了	一 33

元祕史音譯類纂八　人物類

中合　皇帝

一 39 三 50 四 31 36

中合罕　皇帝

一 30 30 31 32 32 32 32 33 33 33 33 33 39 39 39 40 40 44 二 1 2 三
44 44 48 49 50 四 4 4 6 6 6 6 9 10 11 13 13 14 14 15 16 17
18 19 20 26 26 26 27 31 32 32 33 37 37 38 39 40 41 41 43 45 45 46
46 47 49 50 五 1 1 5 5 7 8 9 11 12 12 17 17 19 20 22 22 23
23 23 24 24 25 28 29 29 31 31 32 33 33 36 37 38 39 46 47 50 六 1
2 7 10 11 11 12 14 18 18 19 20 20 34 35 38 39 43 44 45 46 49 49
51 53 七 1 1 2 3 7 14 18 20 24 31 32 42 44 44 45 46 46 47 48
48 八 1 2 2 4 4 4 6 6 10 12 12 13 13 14 21 24 27 27 29 33
34 39 40 43 45 47 47 九 1 3 5 7 8 9 11 19 20 21 22 23 24 24
24 27 31 32 39 40 44 45 十 1 4 6 11 12 12 13 13 16 18 21 22 25
27 27 28 28 29 31 37 39 40 41 43 43 續一 1 2 2 6 6 10 10 11 12
12 13 14 15 16 17 18 20 20 20 21 23 29 30 31 32 32 32 35 35 36 39

中合惕　皇帝每　二 6 六 36 36 36

中合惕　王子每　三 20

中合訥　皇帝的　三 41 四 12 25 25 28 五 9 14 續一 4

中合納　皇帝行　四 15 15 五 16 七 42 續一 4 5

中合阿納　皇帝行　四 40 46 49 五 26 27 九 28 十 27 27 續一 6 8 11 20 44 46 50

中合阿訥　皇帝的　四 42 49 五 9 六 8 8 九 35 十 12 33 續一 8 15 16 38 38

中合阿訥埃　皇帝的　續一 15 15 16 16 45

中合阿泥　皇帝行　五 50 六 45 十 18 35 36 40 續一 7 9 10 12

中合阿　皇帝　續一 6

中合你顏　皇帝自的行　五 2 2 5 6 6 7 7 7 7 15 九 28 28

中合泥　皇帝行　五 10 六 28 七 43 十 11 11 續一 5 11

中罕　皇帝　二 39 三 1 3 4 4 7 8 10 10 10 12 12 16 22 22 24 43 43 44 48 50 50 50 50 四 1 1 10 12 12 13 13 13 14 15 16 五 9 9 10 11 11 11 13 13 13 14 28 28 30 30 36 43 43 六 16 16 21 21 21 21 22 22 22 23 23 23 24 24 24 25 25 26 26 26 26 28 29 29 30 31 31 34 34 35 35 35

(中)罕都(舌)里顔	皇帝自的行	八 13 13
(中)罕你顔	皇帝自的行	六 51 52 七 6 7
古(舌)兒(中)合	普皇帝	四 31 31
王(中)罕	皇帝	三 1
王(中)罕突(舌)兒	皇帝行	三 1
圖思	正主	五 5 5 6 7 7 7 六 51 52 七 7 八 13 13
圖思(中)合你顔	正主自的行	九 27 28 28 28
圖昔顔	正主自的行	五 5
圖速安	正主自的行	二續 56
可兀惕	大王	二 20
可兀惕	大王每	二續 2 2 2 13 13 13 16 16 27 52 52
可兀的	大王每行	四 4
可兀的	大王行	二續 16 16
可兀迭徹	大王處	二續 22 33
可溫	大王	二續 22 24

額勒赤耶舌里顔	使臣自的行	七 14
額勒赤揑徹	使臣行	七 28 二續 28
額勒赤你耶舌兒	使臣教	十 12
額勒赤泥額兒	使臣行教	一 33
額勒赤迭	使臣行	十 33
額勒赤宜	使臣行	十 33 35
額勒赤你顔	使臣自的行	一續 11 20
額勒赤顔	使臣自的行	十 33 33 34 34
額勒赤泥	使臣行	一續 11 二續 3 49
額勒赤揑	使臣行	二續 3 52
額勒赤訥	使臣的	二續 49
額勒臣	使臣	四 12 六 31 40 40 41 41 41 41 41 41 45 48 十 12 一續 35 43 43 二續 3 48 50 55
答舌魯中合思魯阿	鎮守的一同	一續 50 51
答舌魯中合臣	鎮守官名	一續 50

中豁勒	中軍	六 4 5 七 32 九 40
中豁勒扯舌里克	中軍	一續 2
中豁勒突舌兒	中軍裏	七 24 32
中豁勒突舌兒	中軍行	八 43
把阿禿舌兒	勇士	一 26 30 31 三 34 四 34 36 37 37 五 1 11 31 34 35 六 30 51 51 九 1 十 11 一續 1 二續 16
把阿都舌兒	勇士	三 47
把阿禿舌里	勇士行	二 1 四 37 六 52 一續 49 49 二續 15
把阿禿的顏	勇士自的行	六 3 3
把阿禿的	勇士每行	六 4 七 19 九 39
把阿禿的	勇士行	七 4 十 2
把阿禿惕	勇士每	七 21 九 39 十 2 9
把阿禿舌侖	勇士的	一 25 26 28 28 二 1 六 35 51 七 1 二續 27
孛可	勇士	四 29
孛闊	勇士	十 39

客卜帖兀列徹　宿衛的行　九48　48　十5　5　5　5　5　二續38　40　42

客卜帖兀列徹　宿衛處　十8　8　8

客卜帖兀舌列　宿衛行　七20　九46　46　49　二續37　38

客卜帖兀侖　宿衛的　九48　48　48　48　49　十5　7　二續38　39　39　39　39　39　39　40

客卜帖兀里　宿衛行　九36　十6

客卜迭兀勒　宿衛　二續36

客失克　宿衛　九34

客失克帖揑　宿衛的每行　九42

客失克田　護衛的每　七20　九43

客失克田　宿衛的　七2

客失克田　護衛每　九39　十9

客失克田　扈衛　九31

客失克田突兒　護衛每的行　九45

客失克田突舌兒　護衛行　二續46

客失克田禿　扈衛有的　九31

客失克田	護衛	七 18 19 九 32 32 二續 45 46 47
客失克禿	護衛有的	九 41 42 42 45
客失克禿宜	護衛的行	九 42
客失克禿因	護衛有的	九 45
客失克禿突兒	護衛的行	九 45
客失克帖泥	護衛的行	九 40 41 41 41 41 41 41 41 41 41 43 43 十 3 3 3 二續 14 15
客失克帖訥	護衛的	二續 37 46
客失克帖揑	護衛行	二續 45 45
客失兀敦	護衛的每	九 40
土兒中合兀的	護衛行	六 4
土舌兒中合兀敦	護衛的	六 4 5
土舌兒中合兀惕	宿衛的	七 20
土舌兒中合兀的牙舌兒	護衛領著	六 9
禿舌兒中合兀的	護衛行	八 43
土舌兒中合黑	散班	七 19

土(舌)兒(中)合兀惕	散班	七 18 21
土(舌)兒(中)合兀惕	散班的每	七 20 21
土(舌)兒(中)合兀的	散班的	七 19
秃兒(中)合兀的	散班	九 39
秃(舌)兒(中)合兀惕	散班	九 38 二續 36 37
秃(舌)兒(中)合兀惕	散班每	九 39 45 46 十 2 9 9 40 二續 14
秃(舌)兒(中)合兀的	散班行	九 38 38 38 38 38 39 39 十 9 二續 43 43 43
秃(舌)兒(中)合兀敦	散班每的	九 37 40 十 9
秃(舌)兒(中)合兀敦	散班的	二續 42 43
秃兒(中)合兀惕魯阿	散班一同	九 36
秃(舌)兒(中)合黑	散班	九 31 31 31 39 46
秃(舌)兒(中)合吉	散班每行	十 2
秃(舌)兒(中)合黑	侍衛	一續 18
客失克	直班	七 20
客失克	直	七 21

客失克	班	九 37 37 37 37 37 37 37 40 41 41 41 41 41 41 41 42 42 42 43 45 45 46 46 47 二續 40 40 40 41 41 41 41 41 41 41 41 42 42 42 42 42 42 42 42 43 43 43 44 44 44 44 45 45
客失克田	輪班	七 21
客失克圖兒	班裏	九 37 42
客失克列克先	輪班了的	二續 44
客失克禿	班有的	二續 43 44
客失克禿宜	班有的行	二續 45
客失克連	輪直着	七 20
客失克列克薛惕	輪班的每	九 41
客失克帖泥	班有的行	二續 44
客失兀敦	班每的	九 41 42 42 43 45 二續 44 45 45
客失兀敦	班的每	二續 44
客失兀敦	班的	二續 43
客失兀惕	班每	二續 41 42

客失昆	班的	九 41 42 二續 40 44
阿赤敦	貼班的	二續 43
豁(中)兒(舌)臣	帶弓箭的	七 20 20 21 九 31 36 37 45 十 5 8 9 40 一續 46 二續 14 36 37
豁(中)兒(舌)臣	帶弓箭的每	九 46 46 46 十 2
豁(中)兒(舌)臣魯阿	帶弓箭一同	九 39
豁(中)兒(舌)禿	帶弓箭的	七 37
豁(中)兒(舌)赤泥	帶弓箭的行	九 36 37 37 37 37 37 十 2 一續 47 二續 42
豁(中)兒(舌)赤	帶弓箭的	一續 46 46 46
豁(中)兒(舌)赤因	帶弓箭的	二續 15 28
豁(中)兒(舌)赤宜	帶弓箭的行	二續 20 26 28
豁(中)兒(舌)赤你顏	帶弓箭的自的行	九 37 二續 43
豁(中)兒(舌)赤剌兀(勒)周	教帶弓箭着	七 2 九 24 26
只合(中)臣	打魚的每	三 14
阿(黑)騆赤	管騆馬的	七 6

阿黑騸赤	管馬的	七 6 7 7
阿黑騸赤	管馬的每	七 20
阿黑騸赤宜	管馬的行	七 7
阿黑騸赤答安	管馬的自的行	七 6
阿黑塔臣	籠馬人	三 46
兀剌阿臣	馬夫	二續 49 52 53 53
兀剌阿赤泥	馬夫行	二續 53
阿都兀臣	放馬的	三 30 30 九 26 十 9
阿都兀赤	放馬的	五 48 48
阿都赤答安	放馬的自的行	五 49
兀訥忽臣	放乳馬的	二續 53 53
兀訥中忽臣	放乳馬的	二續 48
撒阿舌鄰臣塔泥	擠马每的行	二續 47
驖篾臣	放駱駝的	十 9
中豁紉赤惕	放羊的每	三 30 30

中豁你赤答	牧羊的行	九 29
中豁你臣	放羊的	十 9
中豁你赤	牧羊	五 14
中忽舌里中合赤惕	放羔兒的每	三 30 30
忽客赤泥	放牛的行	十 4 9
戈舌劣兀魯臣	捕野獸的每	三 14
察黑都兀勒孫	後哨	六 1
阿勒斤赤	頭哨	一 22 22 三 43 六 36 二續 26 31
阿勒斤赤剌周	教頭哨着	八 44
阿勒斤赤剌周	頭哨做着	六 46 七 22 32
阿勒斤赤剌兀勒周	教頭哨着	六 50
阿勒斤臣	哨望的	二續 55
莽來	頭哨	四 33 33
莽來	為頭	一續 37 38 二續 20
莽來闌	為頭	六 5 一續 12

阿中合剌禿中孩	為長者	二續 16 16
阿中合剌黑答罷	被為長了	二續 45 45
土綿	萬户	八 38 40 42
土篾訥	萬户	三 39 39 39
土篾訥	萬户的	九 4
禿綿	萬户	九 28 29
土奔禿綿	中的萬户	九 29
土篾敦	萬户的	二續 52
敏中罕	千户	八 27 43 九 2 9
敏中合敦	千户每	八 27
敏中合敦	千户的	八 26 九 30 二續 52
敏中合剌周	做千户着	九 2 30
敏中合剌禿中孩	千户做者	九 29
敏中合敦	千户每的	七 19 九 45
敏中合里兀歹	千户每的	九 45

敏(中)合里兀(惕)	千户每	九 45
札兀敦	百户的	二續 52
札兀敦	百户每的	七 19 九 45
都(舌)魯因	白身	七 19
都(舌)里因	白身	九 32 32
都(舌)里因	白身的	九 33
阿答魯(黑)赤	間諜	一 28
札木臣	站户	二續 49 52 53
巴(中)剌合臣	管城的	二續 48 53
阿木臣	管米的	二續 48 53
額兀迭臣	管門的	二續 40
塔(舌)里牙只泥	種田的行	一續 38
古温	人	一 8 9 9 9 11 11 13 13 18 19 20 22 26 33 46 二 17 18 18 20 24 28 32 32 41 44 47 三 27 四 8 27 34 39 45 45 46 46 50 50 五 1 10 20 25 25 25 25 43 六 11 13 24 26 52 七 6 7 15 23 24 29 38 43 45 八

哈舌闌	人口	一 23 九 26
合中舌闌	人每	七 2
哈舌闌	人每	二 32 32
哈舌闌	人	三 17 五 5 5 16 25 26 46 46 48 七 33 八 31 九 28 34 34 34 47 十 18 37 續二 37 42
哈舌闌	家人	四 47
闊脱臣	家人每	八 4
格舌侖可兀惕	家人每	十 4
格舌侖可兀的	家人行	十 9 9
額舌列思	家人每	三 44
埕坤	家人	八 13
額不干	老人	二 3 4 4 三 36
額不堅	老人	二 41 五 1 2 2 6 7 六 41 九 5 20 27 27
額不格泥	老人行	二 3
額不格訥	老人的	一 48 五 5

額不格揑 老人行 九 19

斡脱古思 老的每 二 12 十 1 2 2 一續 46 二續 45 45

那顏 官人 一 5 32 三 21 39 39 39 五 1 28 六 5 七 15 15 18 18 18 28 45 46 46 47 九 4 19 41 十 10 17 18 20 33 34 一續 4 二續 13 52

那牙愓 官人 九 30 二續 40

那牙愓 官人每 四 47 五 12 八 24 25 27 九 30 30 34 十 14 15 二續 2 2 2 13 17 33 43 52

那牙的顏 官人每自的行 五 15

那牙的 官人每 五 25 八 26 27 32

那牙的 官人每行 八 27 十 15 15

那牙訥 官人的 七 18

那牙敦 官人每的 七 19 九 32 32 32 32 33 33 33 36

那牙愓塔 官人行 九 3 45

那牙愓塔 官人每 九 31

那牙愓途兒 官人每行 九 42

那牙答察	官人行	九 45 45 十 25 二續 46 46
那牙答察	官人每處	二續 33
那牙答察	官人每内	一續 19
那牙泥	官人行	七 32 十 10 17 18 21
那顏泥	官行	一續 37
那牙剌周	官做着	八 1
那黯失克	裝官人	一 27
兀魯昔	人煙	四 26
斡(舌)兒(中)豁	人煙	五 33
斡(舌)兒(中)合	人煙	五 10 32 34 六 29 31 七 45 二續 21
斡(舌)兒(中)罕	人煙	一續 47
斡(舌)兒(中)合巴(舌)里顏	人煙自的連	六 30
斡(舌)兒(中)豁班	人煙自的行	五 33 六 31 二續 21
斡(舌)兒(中)合班	人煙自的	六 30
斡(舌)兒(中)合班	人煙自的行	二續 22

十 15 17 20 21 21 21 一續 8 10 10 10 11 11 35 44 47 49 二續 8 8 12

15 15 19 21 22 55

亦兒格訥延	百姓自的行	四 25
亦(舌)兒格揑	百姓行	一 32 33 49 一續 20 20 30 35 二續 3 16 48 48 49
亦兒格揑扯	百姓處	一 34
亦(舌)兒格揑扯	百姓行	三 16
亦(舌)兒格揑徹	百姓行	八 26 二續 13
亦(舌)兒格揑徹	百姓處	二續 8 47
亦(舌)兒格揑扯延	百姓自的處	一續 9
亦(舌)兒格	百姓	四 21 46 五 10 13 18 27 32 32 33 33 34 六 27 28 29 30 30 31 31 七 1 3 4 4 16 45 八 44 九 30 十 16 22 23 23 23 23 23 23 23 23 25 31 31 一續 45 二續 47
亦(舌)兒格邊	百姓自的行	五 32 十 33 34 35 35
亦(舌)兒格突(舌)兒	百姓行	一續 8
兀魯昔	百姓行	二 4 三 2 四 45 五 34 43 八 24 24 29 30 45 九 31 一續 25 二續 14 15 23

兀魯撒	百姓行	二續52
額不格	祖	一23 24 26
額不格思	祖宗	四12 12 13 19 五19 19 二續8
額不格思	祖宗每	九12
兀(舌)里都昔	祖宗行	一續22
孛(舌)兒(中)孩因	高祖的	六39
額鄰出昆	曾祖的	六39
忽札兀(舌)兒	根源	一1 八20 九33
忽札兀(舌)兒	根脚	四17
忽札兀(舌)剌	根源行	六19 八2
忽札兀(舌)剌察	根源行	九33
忽札兀(舌)兒禿	根源有	九6
別乞	族長	一31
兀(舌)魯黑	親	三4 五39 39
兀(舌)魯黑途(舌)兒	親行	二續32

額赤格因	父的	二 4 33 五 4 43 46 47 六 26 29 34 35 40 40 八 33 十 24 24 26 44 一續 23 29 32 二續 14 33 34 37 55 56 57
額赤格迭	父行	三 4 五 34 六 21 37 45 八 15 33 一續 22 29
額赤格迭徹	父行	六 34 八 19 九 7
額赤格迭延	父自的行	二續 56
額赤格昔	父親每行	四 12 13
額赤格昔	父親行	四 12 19 五 19 二續 8
額赤格思	父	四 47 五 6
額赤格孫	父親的	五 19
額赤格都(舌)里顏	父自的行	二 38 五 33 42 八 35
額赤格顏	父自的	五 43
額赤格顏	父自的行	九 33
額赤格突(舌)兒	父行	六 24 27 46 46 二續 36
額赤格魯額	父一同	二 39 39 39 五 36 六 26
額赤格宜	父行	六 40 九 12 十 24 43 44 一續 51 二續 12

阿合(中)	哥哥	一 22 22 23 37 三 8 五 13
阿合(中)	長	四 25 25 九 4 十 22 一續 22 28 29 二續 17 17
阿合(中)迭兀顏	兄弟自的行	九 9 9
阿合(中)納兒	兄每	一 14 二 8 13 44 46 二 33 33 34 35 二續 22 52 52
阿合(中)納兒	哥哥每	一 22 22 23
阿合(中)班	哥哥自的行	二 14
阿合(中)都里(舌)顏	兄自的行	三 34
阿合(中)答安	兄自的行	五 11
阿合(中)答	兄行	二續 32 53
阿合(中)宜	兄行	五 41 二續 19 23
阿合(中)宜	長行	二續 17 17 17 18
阿合(中)余安	兄自的行	六 45 一續 32 二續 23
阿合(中)突兒(舌)	兄行	二續 15 19 53
阿合(中)阿察	兄處	二續 17
阿合(中)因	兄的	二續 18 23

阿(中)合因	長的	九 19
阿(中)合顏	兄自的行	六 45 二續 23
阿(中)合(中)罕	長些	二續 29
阿(中)合赤	長你	十 16
阿(中)合察	兄行	二續 49
迭兀	弟	一 3 4 4 11 18 28 37 二 5 8 8 19 19 36 三 2 2 2 4 10 12 17 17 34 34 34 34 44 45 46 四 2 17 五 11 47 六 4 6 23 38 39 七 1 八 29 31 九 8 22 22 22 32 二續 47 48 57
迭兀揑兒	兄弟每	一 22 22 23 二 35
迭兀揑(舌)兒	弟每	一 14 二 8 13 44 46 47 三 33 33 34 35 五 2 2 3 4 4 12 36 八 19 一續 21 二續 23 52 52
迭兀揑(舌)里顏	弟每自的行	一 49 二 23 25 五 9 15 六 23 24 十 37
迭兀揑(舌)里顏	弟自的行	二 21
迭兀揑(舌)里顏	弟姪每自的行	二續 24
迭兀揑(舌)里	兄弟每行	五 2

迭兀揑舌里	弟每行	七19 19 十36 37
迭兀揑舌列	弟行	八30
迭兀揑舌列	弟每行	十22 續一21
迭兀揑舌列徹	兄弟的	續一37
迭兀揑舌兒禿	兄弟每有的	八19
迭兀揑舌兒途舌兒	弟每行	十43
迭兀揑舌侖	弟每的	八29 十22 43
迭兀邊	弟行	一34
迭兀邊	兄弟自的	四3
迭兀因	弟的	二9 12
迭兀迭	弟行	三4 六38 九23
迭兀迭扯	弟自	三5
迭兀迭徹	弟行	續二57
迭兀迭延	弟自的行	八29 九23
迭兀突舌兒	弟行	四9 9

可温	兒	六 52
可温	孩兒	一 45 六 52
可温魯額邊	兒子一同自的	三 36
可温突舌兒	兒行	五 14 14
可温突舌兒	子的	六 5
可温突舌兒	子行	五 42 六 3
可温	幼小	二 17
可温都舌里顏	子自的行	七 26
可兀	子	一 46 47 47 三 13 五 32 36 40 六 16 29 31 九 8
可兀	兒子	一 49 三 1 二續 16
可兀	子每	二 6
可兀秃	子	一 7
可兀惕	兒子每	一 10 10 28 三 20 五 2 2 2 4 4 5 九 27 32 十 3 26 38 40 一續 21 42 44 45 45 45 46 46
可兀惕	子	一 14 一續 50

可兀的顔	子每行	一 11
可兀的顔	兒子每自的行	一 32 二 11 11 三 21 四 17 22 五 3 六 44
可兀的顔	兒自的行	二 46
可兀的顔	兒自的	六 21
可兀的	子每	一 12 二 2 3 3 5 八 6
可兀的	兒子每行	二 43 五 27 七 19 19 八 9 九 36 十 11 續一 41 44 44 46 46 50 續二 8 18
可兀的	兒行	六 7
可兀的	兒子每的	九 32 32 32 32
可兀的耶(舌)連	兒子自的行	三 35
可兀的耶(舌)里顔	兒子每自的行	四 22 八 2 九 23 24
可兀(勒)	子	一 13
可兀列畢	兒生了	一 23
可兀泥	兒子行	一 24 三 32
可兀泥	兒子	三 50
可兀泥	子行	五 36 41 42 44 50 六 17

可兀別延	兒子行	一 44
可兀客都延	兒子每行	二 11
可兀客泥	小兒行	三 24
可兀客泥	兒行	四 17 17
可兀客泥	兒子行	四 23 24 24 24 24 九 13
可兀你顔	兒子自的行	二 41
可兀迭扯	子處	三 44
可兀揑徹	兒子處	四 28
可兀揑扯延	子自的行	六 15
可兀揑扯延	子自的	六 33
可兀揑扯	幼小人行	二 17
可兀揑	子行	六 34 52 十 16
可兀赤連	做兒	八 29 九 11
可兀都延	兒子每自的	九 11
可兀都延	兒子每自的行	十 43 續一 21 續二 16 17

兀舌魯黑途舌兒	子孫行	十 44
兀舌魯中合	子孫行	三 21 五 1 六 25 52 53 七 3 3 八 20 31 34 34 39 47 九 20 22 24 十 3 二續 12
兀舌魯中合察	子孫行	二續 43
兀魯兀答察	子孫每行	一續 30
兀舌魯吉	子孫行	一續 33 33
中合舌里失舌里迭扯	家活行	三 43
中合舌剌答察	家活處	三 44
土兒中合兀的顔	伴當的每	二 13
那可兒	伴當	一 8 二 8 10 12 29 30 32 33 34 九 11
那可舌兒	伴當	五 48 六 4 6 七 6 十 40 一續 32 二續 35
那可舌兒途舌兒	伴當行	八 35
那可舌兒禿	伴當有的	九 33
那可惕	伴當每	二 32 七 36 八 12 九 33
那可惕禿	伴當每有的	八 19

那可徹耶	做伴咱	二 38
那可徹速	做伴	二 29 30
那可徹周	做伴着	二 33 35
那可徹勒禿	可做伴的	四 50
那可徹勒	做伴	五 5
那可徹坤	做伴	五 5
那可徹舌列	做伴	五 9
那可扯額速	做伴呵	七 8
那可扯古	做得伴	八 13
那可扯古	做伴	八 36
那可扯牙	做伴咱	八 14 22 36
那可扯耶	作伴咱	八 18
那可扯恢	作伴的	八 18
那可扯周	作伴着	八 18 九 17
那可扯周	做伴着	六 37 八 35 續一 8

那可扯坤	肯作伴	一續 5
那可扯勒都罷	作伴了	八 18
那可扯勒都速	做伴我	八 35
那可扯罷	做伴了	八 36 十 40
那可扯魯額	做伴來	九 30
那可扯克薛額舌兒	做伴以來	九 5
那可纏	做伴	八 36
那闊舌兒	伴當	三 48
那闊的顏	伴當每自的行	四 2
那闊惕	伴當	三 49 九 33 33
那闊徹速	做伴我	三 49
那闊扯速	做伴	三 4
那闊扯克迭周	被做伴着	三 22
那闊扯坤	作伴的	四 29
那闊扯周	做伴着	四 1 3

中闊脱臣	伴當	九45 二續46
亦納兀惕	寵信的每	二續8 8
答因	敵人	三14
答因突舌兒	敵行	三43
答因	敵	四34
答因	敵的	六8
答亦訥	敵的	四34
歹亦孫	敵	四19 19 43 50 五17 37 六14 36 八46 十1 二續17
歹亦訥	敵的	六2
歹亦納	敵行	六14
歹亦孫突兒	敵行	九25
歹亦速納	敵行	五25 六14
歹亦泥	敵行	一續2
歹因	敵	六2 2 七3 一續46 47
歹因	敵人	四39

歹因突(舌)兒	敵行	六 36
歹孫	敵	十 30
歹亦孫突(舌)兒	敵人行	九 12
歹亦速(舌)兒(中)罕	做敵	續二 34
歹亦速(舌)兒(中)罕	做敵人	續二 31
那闊(舌)兒古兀捏	被敵人行	五 17
那可(舌)兒克納	敵人的	續二 11
扯(舌)里兀惕	軍	續二 6
扯(舌)里兀惕	軍每	二 46 46 三 15 24 四 11 17 38 45 46 46 五 11 20 21 23 六 25 30 七 25 46 47 47 續一 1 2 4 7 12 12 12 13 42 43 續二 7 20 21
扯(舌)里兀惕帖	軍每行	七 24 八 4
扯(舌)里兀惕帖	被軍每	七 45
扯(舌)里兀惕突(舌)兒	軍每行	十 19
扯(舌)里兀的	軍每行	三 11 八 43 續一 2 4 6 14 續二 20
扯(舌)里兀的顏	軍自的行	三 11 12 續一 13

扯(舌)里兀的顏	軍每自的行	四 37 六 28
扯(舌)里兀的耶(舌)兒	軍領着	八 1
扯(舌)里兀的耶兒	軍每領着	續一 41
扯(舌)里兀的耶(舌)兒	軍每教	十 14 續一 18
扯(舌)里兀敦	軍每	二 46
扯(舌)里克	軍	二 44 三 10 四 12 13 32 46 五 10 29 29 34 六 4 4 6 25 七 32 十 6 6 7 7 7 7 18 19 續一 2 12 35 40 續二 3 17 17 40 40
扯(舌)里克	軍每	七 29 33
扯(舌)里吉顏	軍自的行	四 12 六 4 6 14 七 27 八 2
扯(舌)里吉耶(舌)兒	軍	六 5
扯(舌)里昆	軍的	七 29 八 7 8 8 8 8 九 2 十 19 19
扯(舌)里昆	軍	續一 5 6 續二 34
扯(舌)里格徹	軍處	十 18
額(舌)列	軍	續一 45 續二 47
保兀(舌)兒臣	廚子	三 45

保兀(舌)兒臣	廚子每	七 21 九 9 46 46 46
保兀(舌)兒赤	廚子	四 7 7 18 八 47 47 續一 15 16
保兀(舌)兒赤	廚子每	七 20
保兀(舌)兒赤顏	廚子自的行	八 47
保兀(舌)兒赤答	廚子行	九 8
抹赤答	木匠行	九 30
(中)忽剌孩	賊	四 8
(中)忽剌孩	盜	五 21
(中)忽剌孩宜	賊行	八 30
斡斡(舌)兒察(黑)	劫賊	五 26 八 12
斡兀(舌)兒察(黑)	劫賊	九 12
迭額兒篾	劫賊	二 27 28
額(舌)列思	男子	二 6
額(舌)列因	男子的	二 29 七 23 29 十 19 續一 26
額(舌)列	丈夫	一 10 11 四 25 五 23 六 52 七 10

額(舌)列	男子	三 22
額(舌)列迭	男子行	七 16
額(舌)列宜	丈夫行	四 46 46 46
額(舌)列宜	男子行	七 35 35 38
額(舌)列突(舌)兒	男子行	十 19
額(舌)列魯額	男子一同	九 11
額(舌)列賓	男子	二續 6
額(舌)列余延	丈夫自的行	四 46
額(舌)列列速	做丈夫	七 6
額(舌)列(木)失周	逞丈夫着	二續 35
(中)合(舌)剌除思	下民	一 13
(中)合(舌)剌除	下民	三 18
(中)合(舌)剌出	下民	八 13
(中)合(舌)剌出撒	下民行	一續 21
可温	後生	二 28 29

札剌為	年少	五25 七10
札剌兀禿	後生	一2
札剌兀思	少年每	二35
識理溫	君子	五31
曲魯克	俊傑	八19
曲魯兀	傑	六31
曲魯兀惕	傑每	五34
曲魯兀敦	傑的	六30
曲魯吉	豪傑行	八37
曲魯昆	豪傑的	八37
曲魯古耶舌兒	豪傑教	八36
曲魯兀的	傑	五33 34
曲魯兀惕	俊傑每	續一21
曲魯兀的顏	傑自的	六31
曲魯兀的顏	傑自的行	五34 34 六30 九2

曲魯兀的耶里顔	傑自的行	六 30
額氈	主人	一 5 33 三 39 39 二續 56
額者惕	主每	一 6 二續 21 22
額者	主	三 44
額氈	主	五 3 八 35
額者你顔	主自的行	八 13
秃惕中舌合剌	使喚行	一 23
孛斡勒	奴婢	四 22 22 六 38 39 39 八 13 13 九 5
孛斡里都牙	奴婢做使咱	五 19
孛斡侖	奴婢的	六 38
孛斡侖可温	奴婢子	六 38
孛斡里阿舌兒	奴婢行	六 38
薛兀薛	小厮	二續 25
薛兀薛昔	小厮每行	二續 26
中舌合兒答黑撒惕	下手的每	五 6 7 九 28

額客邊	母自的行	二 21 23 25
額客宜	母行	二 46 48 50 三 17 21 31 七 29 十 30 31
額客余延	母自的行	二 7 三 20 七 35 35 一續 24 25 25
額客禿	母有的	八 19
額客突兒(舌)	母行	九 12
額篾格禿	婆婆有的	八 18
額篾格(惕)	婆婆每	二續 29
額篾格的	婆婆每行	二續 30
額篾	婦	九 15 二續 56
額篾昔	婦人每	二 49
額篾思禿	婦人有的	三 40
額篾宜	婦人行	一 22 三 24 六 36 八 41
額篾堅	老婦人	二 42 44 44 45 46 46
額篾可兀邊	婦人兒子自的行	三 1

6 6 6 八19 十17

額篾迭扯 妻行 三43

額篾宜 妻行 七7

額篾禿 妻有的 七6

額篾思 妻每 八41 十21

額篾可兀 妻子 五34

額篾可兀邊 妻子自的行 五33

額篾昔顏 妻自的行 二續8

額篾思禿 妻有的 八41

別舌里捏惕 媳婦兒 七12

別舌里捏的顏 媳婦自的 六21

別舌里捏的顏 媳婦自的行 七9

別舌里列兀勒周 教媳婦的禮行着 七9

別舌里顏 媳婦兒自的行 二續24

斡乞的	女子每	七 12
斡乞的	女子每行	二續 8
斡乞訥	女子的	一 45
斡乞訥	女的	一 44 六 20
斡乞泥	女子行	一 46 七 46
斡乞顏	女子自的行	二 37 七 45 46
斡乞你顏	女自的行	六 24 九 23
斡乞都延	女子自的行	八 45
額格赤篾惕	大女	七 1
朶亦篾惕	次女	七 1
中合屯	娘子	一 44 45 三 2 5 18 43 43 43 四 7 7
中合秃惕	娘子每	二 1 2 五 27
中合秃黑者	娘子	二 47
中合秃泥	娘子行	五 22 23 24 一續 36
中合秃訥	娘子的	五 23

(中)合禿納察	娘子內	一續36
(中)合敦	娘子	四10 10 10 10 19 五22 23 23 24 24 24 六36 七29 47 48 一續20 21 24 27 二續2
(中)合敦訥	娘子的	七10 48 48
(中)合敦納	娘子行	二續13
(中)合敦魯阿	娘子一同	七46
(中)合敦泥	娘子行	七48 二續1
(中)合敦(惕)	娘子每	八1
(中)合敦答察	娘子內	二續1
別(舌)里堅	嫂	一29
別兒格泥顏	嫂嫂行	一49
額格赤	姐姐	五22 23
額格赤顏	姐姐自的行	五23 23 23
額格赤迭延	姐姐自的行	五23
堆亦邊	妹子自行	二23

朶宜	妹子	五 38
古舌里堅	女壻	一續 13 13 13
古舌列干	女壻	五 22 23 25
古舌列格惕	女壻每	二續 13
古舌里格惕	壻每	二續 17 52
古舌里格惕帖	做女壻	一 46 49
古舌列格惕帖	做女壻	一 47
古舌列格帖	做女壻	一 47 三 35
古舌列格連	做女壻	五 22

元祕史音譯類纂九　禽畜類

堅都	雄	九 3
合(中)兒赤孩(中)	黃鷹	一 16 16 17 17 18 19 19
失鴒溫	鷹	七 36 36 一續 9 46
失鴒兀班	鷹自的行	二續 8
失鴒兀剌忽(中)	放鷹的	七 10
失鴒兀剌灰(中)	放鷹的	二續 40
釋鴒兀剌灰(中)	放鷹	十 5
釋鴒兀剌勒敦	共放鷹	十 6
釋鴒兀闌	放鷹	一 34 十 7
土林(舌)台	龍多兒	二 23
失鴒溫	鳥	三 18
失保兀合(中)泥	雀兒行	二 23

中合中鳮兀敦	鴈每	一19
中合鳮温	鴈	三18
孛舌羅	雛	一續46
孛舌羅黑臣	雛	一16
中豁魯中合惕	雛的每	二13
塔乞牙	鷄兒	四30 一續52
中合舌剌中忽舌魯	野鷄名	一16
升中豁兒	海青	一43 43 二11 八6
升中豁惕	海青每	十15
升中豁的牙舌兒	海青每教	十15
脱中鸕舌剌兀	鷀鳮	三18
脱中鸕舌剌兀泥	鷀鳮行	三18
昂吉兒	鴛鴦	二12
中鸖	天鵝	三18
完迭堅	卵	二續31

客卜迭石顏	窩巢自的行	二 12
只兀舌兒	翅	九 7
只兀舌兒禿	翅有的	八 6
你思周	飛着	一 43
你思抽	飛着	八 6 7
拭察班勒札周	爬着	一 13
阿巴里舌兀魯牙	教爬咱	二續 32 32
斡敦	翎	一 19
中豁斡只主兀	退翎	二 13
蟒古思	蟒蛇	二 11
莽中忽思	蟒	七 38
古舌劣勒古	蟒名	七 38
抹中合牙	蛇行	五 37 37 六 22 22
抹中孩牙	蛇行	二 48
孛額速訥	蝨子的	二 50

孛額孫	蝨子	八 18
(舌)合兒察因	(蟻的)	二 50
蟢魯阿禿周	被蠅虻咬着	七 5
只(中)合孫	魚	八 7
只(中)合速	魚	二 7 7
只(舌)刺木(惕)	小魚兒	二 7
折不格	魚名	二 7
鎖(舌)豁孫	魚名	二 7 8
(中)合答(舌)刺	魚名	二 7
出(舌)刺(中)合	魚名	二 11
禿魯	魚名	二續 24
乞列篾	魚名	二續 24
斡(舌)羅阿	狡	三 43
斡(舌)羅阿	野	五 37 九 25
斡(舌)刺阿	野	六 36

中合卜闌	獸名	二 11
中罕答中孩	獸名	二 50 一續 31
巴舌魯思	獸名	二 12
忽剌安不中合因	獸名的	十 19 19
主撒黑	一歲	二續 52 53
失列古	二歲	三 45 二續 47 52 53
中忽難	三歲	一 41
中忽納真	三歲	七 37
兀舌里額	三歲	五 4
塔奔納速禿	五歲	一 41
塔奔納速禿	五歲有的	九 13
朶舌羅安納速禿	七歲	一 41
也孫納速禿	九歲	一 41 42
哈兒班台	十歲	一 46
阿都孫	頭口	一 14

秣舌驪禿	馬有的	二 32 32 50 50 五 14 六 26
秣舌驪泥顔	馬自的行	一 47
秣舌驪顔	馬自的行	二 15 16 七 6
秣舌驪你顔	馬自的行	六 12
秣舌驪的顔	馬每自的行	二 33 43
秣舌驪剌黑三突舌兒	上馬了時	五 27
秣舌驪剌黑三突舌兒	上馬時	一續 10
秣舌驪剌黑三突舌兒	上馬裏	一續 10
秣舌驪剌黑撒阿兒	上馬	一續 8
秣舌驪剌黑答罷	被上馬了	二續 29
秣舌驪剌惕	上馬	二續 2
秣舌驪剌惕中渾	上馬您	二續 20
秣舌驪剌罷	上馬了	一 22 三 10 四 19 六 2 一續 1 11 35 37 二續 1
秣舌驪剌周	上馬着	二 4 四 4 4 45 五 10 27 28 六 24 26 27 七 16 32 33 八 44 九 10 十 28 二續 4 20 29

秣舌驪剌周	馬上着	二 44
秣舌驪剌兀勒罷	教上馬了	十 14 二續 16
秣舌驪剌兀勒答周	教上馬了着	二續 30
秣舌驪剌阿速	上馬呵	五 40
秣舌驪舌剌主為	上馬了	一續 38
秣舌驪剌温勒周	教上馬着	二 14
秣舌驪舌剌秃中孩	教上馬	三 2 4
秣舌驪剌中灰突舌兒	上馬時	一續 20
秣舌驪剌舌侖	上馬時	三 8 9 10 四 33 七 22 22 八 44 一續 12 35 36
秣舌驪剌牙	上馬咱	三 8 四 13 19 31 31 32 七 16 一續 20 二續 1
秣舌驪剌速	上馬我	二續 3 19
秣舌驪剌	上馬	一續 35
秣舌驪闌	上馬	五 1 十 18
秣舌驪剌中忽	上馬我	五 49
抹舌里剌罷	上馬了	一 39

秣舌驪剌速	上馬	三 2 4
秣舌驪剌黑撒阿舌兒	上馬依着	六 47
秣驪納察	馬自	二 15
秣舌驎	馬	四 42 六 12 17 48 七 22 25
秣舌驎禿	馬	一 18
秣舌驎納察	馬行	續二 1
秣舌驎突兒	馬行	九 16
朶卜禿勒周	走馬着	二 30
哈温周	走馬着	二 35
保兀周	下馬着	七 6
保温勒罷	下馬了	一 45
保兀勒罷	下馬了	一 47
察中合阿泥	白馬	三 28
升中忽剌	白	七 22
升中忽剌	青白馬	一 15 16

中晃中豁舌里	甘草黄馬行	八 35 36
中晃中豁兒	黄馬	二 28
中忽阑	野馬	八 6
中忽舌兒都你顔	快馬自的行	三 7 8
阿黑騔	馬	一續 5 45 二續 47
阿黑騔	頭疋	九 33
阿黑騔	騸馬	六 36 七 6 48 八 7 九 20 48 二續 23 39
阿黑塔	騸馬	三 43 46 四 8
阿黑騔思	騸馬	五 50
阿黑騔思	騸馬每	六 1 21 42 七 15 15 15 23 24 26 27 27 27 十 15 二續 9 53
阿黑騔思秃	騸馬	一 2
阿黑騔思秃舌里顔	騸馬每自的行	七 20
阿黑騔宜	馬行	十 16
阿黑騔因	騸馬的	六 49 七 29 一續 26
阿黑騔壇	騸馬等	二 9 27 29 30 30 八 35

兀剌阿	騎坐馬匹	九 33
兀剌阿	馬疋	八 7
兀剌阿訥	鋪馬的	二續 27
脱必察兀惕	西馬每	二續 27
兀訥(中)罕	駒兒	七 35
兀訥(中)合惕	駒兒每	七 35
額(舌)列木克	不生駒的	二 25
額思格勒	幾年不生駒的	三 28
答阿(中)罕	二歲駒	五 4
(中)合里温	黑鬃尾黄	五 14　六 26
迭勒	鬃	四 3
(中)合里兀泥	黑鬃尾馬	三 28
曲騄兀惕	駿	一 2
孛戈禿兒	拱脊	二 38
孛闊禿(舌)兒	拱脊	八 36

斡羅(舌)黑	黑脊	一 15 16 二 29 三 8 八 35
者額(舌)兒迭因	赤馬的	一續 32
(中)罕主(中)合剌周	马上捎着	一續 25
勺莎禿騂(舌)驪	馬名	二續 1 1
篾(舌)兒乞歹察(中)合安	馬名	五 49 49 50 50
阿鑾察哈安客額(舌)兒	馬名	五 49 49 50 50
老撒速惕	騾	二續 27
(中)合赤都惕	騾名	二續 27
驖篾延	駱駝	二續 4 5 7
驖篾額惕	駱駝	一續 9 52
驖篾額惕	駱駝每	一續 9 10 二續 9
驖篾額訥	駱駝的	六 26
驖篾額禿	駱駝有的	六 44
帖篾延	駱駝	十 28
帖篾額訥	駱駝的	五 11 14

帖篾額的顏	駱駝自的行	五 14
不兀(舌)剌	駱駝	一 44
不兀(舌)剌	風雄駝	二 11
孛脱(中)合	駝羔兒	二 11
斡列不兀(舌)剌	黑青駝	一 45
古(舌)零額劣兀惕	駝名	二續 27
答兀昔乞赤都惕	駝名	二續 27
阿赤周	馱着	一 9 二 28 十 8 一續 7
阿赤阿	馱馱	六 12
阿赤阿班	馱馱自的行	六 12
阿赤阿班	馱自的	一續 7
阿赤阿禿	馱馱有的	六 12 二續 4 5
阿赤阿速	馱呵	一續 28
阿赤阿納	馱馱行	二續 27
阿赤阿壇	馱馱有的	二續 7

豁(中)紉的	羊每行	三 45 45
豁(中)紉的顔	羊每自的行	七 12
豁(中)你訥	羊的	六 41
豁(中)你惕	羊每	七 33 二續 54
豁(中)你答察	羊行	二續 52 53
豁(中)你答察	羊處	二續 47
忽(中)䍽(舌)合(中)班	羔兒自的	五 50
亦馬阿惕	𦍩䍽	五 14
亦馬阿惕	𦍩䍽每	五 11
亦馬阿惕	羖䍽	六 26
額失格	𦍩䍽	五 13
額失格因	小羖䍽的	七 36 二續 35
薛(舌)兒客昔	羯股䍽	一續 52
兀訥昆	𦍩䍽羔兒般	三 28
兀忽(中)勒札	羱羊	八 12 12

兀(中)忽(勒)札因	羱羊的	八 12
亦(舌)兒格	羯羊	三 45 二續 23 52 53
亦(舌)兒格思	羯羊	六 44
帖(勒)(中)忽(舌)黑(中)罕	喫二母乳的羔兒	二 25 35
(中)晃(中)豁(黑)赤兀(惕)	黃色	三 45
阿刺(黑)	花	二 44 46 五 13
阿刺(黑)赤兀(惕)	花色	三 45
阿刺(黑)赤兀(惕)	花每	六 3
(中)豁(舌)兒(中)豁速訥	羊糞塊的	三 19 19
准答兀(勒)	乾糞	六 17
(中)豁馬兀(勒)	乾糞	十 10
(中)合(中)孩	猪兒	五 40 二續 13
赤那	狼	一 1 二 11 七 33 九 3
赤那因	狼的	一 16 16

啜額孛(舌)里	豺狼	二12
巴兒思	虎	二12
巴(舌)兒思	虎兒	八24
阿兒思闌	獅子	二11
忽客(舌)兒	牛兒	八2 6 10
忽客(舌)兒	牛	二44 三38 六23 九14 續二54
忽客(舌)侖	牛的	三8
忽客(舌)列	牛行	續一31 33
忽客(舌)里顔	牛自的行	二46
兀你延	乳牛	三38
兀你額惕	乳牛每	七12
不(舌)剌兀因	二歲牛的	三26
不(中)合	强牛	七37
不(中)合因	强牛的	三7
秃(中)忽侖	犢的	七28

那中孩	狗	一 13 47 47 二 11 五 17 27 七 6 一續 11 二續 1
那中孩	狗般	七 27
那中孩昔	狗行	七 33
那中孩思	狗每	七 33 34
那中合訥	狗的	七 10 10
那中合牙	狗行	一續 31 33
那中合昔顏	狗每自的行	九 1 1
那中豁的顏	狗每自的行	一續 47
中合撒兒	狗名	二 11
塔兀來	兔兒	十 14
討來	兔	一續 36 二續 20
中忽臚中合納	鼠	三 18 一續 31
中忽臚中合納	鼠兒	七 22 45 二續 13 58
中忽魯合納	老鼠	三 47
不臚中罕	貂鼠	一 6 二 39 39 40 40 41 三 1 1 2 2 2 23 23 九 5 6

不驢(中)合(惕)	貂鼠每	六44 十15
不驢(中)合阿(舌)兒	貂鼠皮	四17
不驢(中)合的牙(舌)兒	貂鼠每教	十15
不驢(中)合臣	捕貂鼠的每	三14
客(舌)列門	青鼠	一6
客(舌)列門	青鼠每	六44
窟出古兒	野鼠	二27
窟出⿰鼠華捏	小鼠	三18
塔(舌)兒巴(中)罕	土撥鼠	八7
塔兒巴(中)合(惕)	土撥鼠	二27 28
塔兒巴(中)合(惕)赤剌(舌)刺	土撥鼠捕	二28
兀年	銀鼠	二50
鎖郎(中)合	黃鼠狼	二50
額別(舌)兒	角	三26 38
額別(舌)兒禿	角有的	三28 38

額別舌里顔	角自的行	三 38
木中忽剌舌兒	無角	三 38
木中忽剌舌兒	禿角	九 14
許孫	毛	一 19
速舌里木孫	毛	二 10
農中合速	毛	二 24
農中合孫	毛	二 24
翁中合孫	毛	二 46
農中合速禿	毛有的	二 23 24
乞勒中合孫巴兒	尾上毛教	一 16
薛温勒禿	尾	一 15 16
薛温勒額徹	尾外	二 8
薛兀列徹	尾外	二 10 12
薛兀列扯	尾子處	三 48
薛兀勒	尾子	三 48 六 41 二續 30

薛兀勒突舌兒	尾行	四 5
中斡豁都兒	禿尾	二 27 29
斡中合禿舌兒	禿尾	八 35
答兒吉斡中豁都兒	禿尾	二 28
失亦舌剌	蹄	一 21
失亦舌剌	蹄行	二續 35
中豁敦	蹄皮	三 23
中豁都	蹄皮	七 36
乞木速阿舌里顏	爪甲自的行	八 7
抹斡舌連	吼着	三 38 38 38 38
中忽察勒	吠	七 10
中忽察梅	吠有	七 10
中忽察恢	吠的	七 10
額別速連	喫草	二 30
別勒只額勒突舌兒	喫草行	七 28

元祕史音譯類纂十　草木類

額別孫	草	一 15 17 六 21
額別速訥	草的	二 26 28 47
額別速揑	草行	二續 55
速敦	草根名	二 6
赤赤吉納	草根名	二 6
斡郎突舌兒	青草裏	一續 31 33
那中豁安突舌兒	青草裏	六 2
中合舌剌中合納	叢草般	七 32
迭舌列速訥	蓆棘草的	一續 9
中豁黑	碎草	十 10
撒中合勒伯顏	猪鬃草	三 6
抹敦	木	六 17 二續 30

昏只兀	爛木	一續 2 13
忽壇	柳木	十 2
捏兀列	大木	一續 21
赤戈兒孫	檜木	二 6
槐	林	一 8 二 48 三 6 四 36
槐因	林的	八 26 41 42 42 十 14 15 15 16 21
槐突舌兒	林裏	十 18
槐圖兒	林裏	二 14 46
槐剌周	入林着	五 1
槐剌周	林裏	五 23
石恢	密林	二 15
石恢槐突舌兒	密林裏	三 21
石恢因	密林的	二 15
石恢都兒	密林裏	二 14 14
石恢槐圖兒	密林裏	二 13

失恢	密林	二48
屯	林	二17
屯納	林行	三1 五36 一續52
屯泥	林行	二18 三25
屯揑	林行	二39 六25 27
屯圖兒	林裏	一31
屯突舌兒	林裏	四6 18
不塔	叢	二23
不塔圖兒	叢裏	二23
格失兀惕	枝每	四10
忽札兀舌剌	根行	八34
納舌剌惕	松每	十37
納舌剌惕	松	十36
赤歌惕	檜每	十37
赤歌惕	檜	十36

不兒中合孫	榆條	二 50
忙吉兒速你牙兒	薤教	二 6
忙吉兒速阿兒	薤教	二 6
中合里牙兒孫	山薤	二 6
中豁中豁孫	韭菜	二 6
塔舌里牙惕	田禾	六 28
捏惕客勒	亂麻	十 36
捏惕客勒	麻穰	一續 21
札兀中合速	山丹根	二 6
中合中合兀勒孫	蓬蒿	三 6
拙舌兒中合勒答牙	柴打	二續 30
斡里兒孫	杜梨	二 5
抹亦勒孫	果名	二 5

元祕史音譯類纂一一　飲食類

古揑速	行糧	二 35
古揑速揑	糧行	六 18
古揑速揑	行糧行	八 8
古揑速列惕	做行糧	七 34
古揑速列温勒罷	行糧教做了	二 35
古揑速邊巴舌剌埃	行糧自的行了	八 7
古揑孫巴舌闌	行糧了	八 8
暑漣	湯	三 45 七 21 九 12 46 46
暑洌揑	湯行	續二 47 52 53
額速克	馬嬭子	四 40
額速兀惕	馬嬭子每	四 39
額速吉顏	熟馬嬭子自	

	的行	二 22
額速克赤列周	馬孋子喫着	一 17 19
循	生馬孋子	二 22
中忽舌林	筵席	四 8 8 9 二續 29 29
中忽舌林闌	筵席	二續 29
中忽舌林舌闌	筵會	一 39
中忽舌林闌	做筵會	一 47 十 20
中忽舌林闌	做筵席	三 28 六 48
中忽舌林刺恢突兒	筵會時	一 31
中忽舌林刺中灰突舌兒	筵席的時	二續 29
中忽舌林刺中灰突舌兒	筵席時	四 18
中忽舌林刺舌侖	筵席時	四 6
中忽舌林刺牙	做筵席咱	四 6 二續 29
中忽舌林刺勒都周	相筵會着	二 17
中忽舌林刺梅	做筵會有	六 50

中忽舌林圖兒	筵會裏	一 47
中忽舌林突兒	筵會裏	二 17
中忽舌里門	筵會的	二 17
拖亦闌	（筵席）	三 28
不兀勒札舌兒	許婚筵席	五 45 46 46
不兀勒札舌兒	定婚筵席	五 46
孛舌兒	葡萄酒	二續 56
答舌剌速納	酒行	二續 56
匣失列篾勒	臘	一 11
米哈納察	肉裏	一 9
中豁納黑剌周	肉當宿食	一續 25
不答安	粥飯	一 28
脫孫	蘇油	一續 24
塔舌剌黑	酪	四 40 40 40
循	乳	五 48 七 35 一續 24

中合勒壇	火有的	七 26
中合里顏	火自的行	十 24
中合勒圖兒	火裏	二 23
中合勒突舌兒	火裏	八 34
中合里牙舌兒	教火	七 23 24
中合勒訥兀惕	火每	五 29 六 29 七 23 24 24
土列周	燒着	二 23 七 23
土烈兀勒周	教燒着	五 29 六 29
土烈兀魯額惕	教燒	六 14
土烈兀魯惕坤	教燒您	七 24
土烈兀勒罷	教燒了	七 24
秃列周	燒着	十 10
失舌剌周	燒着	一 8 八 12
失舌羅勒中合答	燒肉與的	一 8
中忽訥思抽	聞着	一 35

忽訥思抽	嗅着	十 39
許你思帖列	聞得	一 17
亦咥額	喫食	五 32 八 17 九 10 10 十 5
亦咥額惕	喫兼着	一 16
亦咥額惕	喫了	五 11
亦咥額泥	喫食行	四 48
亦咥額泥	食行	十 4 5 5 二續 39
亦咥額速	喫呵	七 21
亦咥勒都額惕	喫兼着	一 16
亦咥勒都周	共喫着	八 17
亦咥勒都主為	共喫了	一續 13
亦咥恢	喫	一 16 二 2
亦咥恢突舌兒	喫時	七 6
亦咥恢	喫的	二續 12
亦咥克先泥	喫了的	一 16

亦咥克咥古	被喫	一續 31 31
亦咥克迭古	被喫	一續 33 33
亦咥筵	喫	六 29
亦咥筵	喫食	九 9
亦咥古	喫的	二 2 2 11 三 18 18
亦咥速	要喫	三 18 18
亦咥周	喫着	五 14 六 26 26 45 七 33 十 10
亦咥惕坤	喫您	五 47
亦咥舌列	喫	五 45 46 46
亦咥惕	喫每	七 34
亦咥失禿	喫食有的	七 37
亦咥舌侖	喫時	八 12
亦咥模	喫有	八 12
亦咥延	食	十 5
亦顛	喫	一 16 二 27 八 12 九 46

亦迭速	喫	三	45
亦迭帖列	喫直到	九	46
把(舌)剌(中)忽	喫了	十	29 30
把(舌)剌周	喫了着	十	30
呫連	做喫的	九	14
(中)豁斡闌察(舌)兒	饞	三	45
莎(黑)塔(中)忽宜	醉的行	二續	24
莎(黑)塔罷	醉了	二續	24 24
(中)忽赤周	咽着	一續	26
穩答思抽	渴着	一	47
温答阿速木	渴有	四	39
温丹	止渴	六	14
杭哈(黑)三	枯渴了的	四	42
杭(中)合周	枯渴着	四	43
杭(中)合周	渴着	七	5

察惕塔剌	喫飽	七 23
察惕中忽郎	飽	二 48
察惕中罕	教飽了	七 24
察都木	飽有	七 24
斡劣速克薛泥	飢了的行	六 28
斡劣思抽	飢着	五 12
斡舌羅速木薛兒	不曾飢	一 37
斡舌羅思抽	飢着	九 12
帖亦列温勒周	餓着	一 17
温丹	飲	三 45 45 四 43 十 4 5 5 續二 39 47
温答剌周	解渴着	續一 25
温答剌勒都舌侖	共飲時	五 24
温答剌勒敦	共飲	五 24
兀兀中忽	飲	六 34
兀速闌	飲	六 44 44

兀兀周	飲着	四 40 二續 22
兀兀勒罷	教飲了	四 40
兀黑撒訥	飲了的	五 21
兀黑答(舌)侖	被飲的	六 35
兀兀禿(中)孩	飲者	七 7
兀速剌(舌)剌	飲水	八 44
兀兀(中)渾	飲	二續 29
兀兀罷	飲了	二續 24 29
把(舌)剌惕(中)渾	飲了着	六 35
斡脱克列兀勒周	喝盞着	七 2
斡脱克列兀勒周	教喝盞着	七 9 九 24 26
斡脱克	喝盞	二續 29
斡脱克	進酒	五 21
札勒吉(中)灰	嘸	一續 26
札勒乞(中)忽宜	嘸的行	四 41

札勒乞阿惕	嚥了	四 39 41
札勒吉阿速	嚥呵	七 37
札勒吉中忽	吞的	二 11
阿米都札勒吉速	活的吞	二 11
唵古額速	吞呵	七 38
撒察阿速	噲着呵	五 43
康失塔剌	噲直到	十 24
你勒不周	唾着	五 16
你勒不主為	唾了有來	五 16
你勒不黑答周	被唾着	五 16
阿思中合阿惕	吐了	四 39 41
阿思中合中忽宜	吐的行	四 41
阿思中合黑三	吐了的	四 41
阿思中合牙	注咱	七 27
中合中合阿速	噎着呵	五 43

中合中合孫	梗	二 10
中忽臣	溢噎	九 9
中合札中忽	咬的	二 11 11
札兀罷	咬了	四 27
中合札黑撒惕	咬了的	十 29
札兀勒撒泥	唧了的	二 8
食民周	咂着	四 43
食民	咂着	四 39 39 40 41 九 16 16
食米周	咂着	六 14 九 16
闊可周	咂着	七 35
赤納周	煮着	一 11
孛勒中合周	煮熟着	二 25 五 50
孛勒中合禿中孩	煮熟者	十 5
中豁舌羅中渾	刁着	三 18 19 六 24 51 52 續一 39
中忽舌羅中渾	刁了	六 26

中豁舌羅黑抽	刁着	六	23
中豁舌羅黑	刁出去	一	35
乞周	盛着	六	34
升格恢	消化的	八	17

元祕史音譯類纂一二　神秘類

納鑾赤闌	悔過	十 34
納鑾赤闌	教悔過	十 38 39
納鑾赤剌兀勒周	教悔過着	十 35
莊	先兆	八 41
莊列周	先兆着	八 40
脱勒格突舌兒	卦裏	八 21
脱勒格赤捏	卜人行	續二 21
脱勒格列兀魯額速	教卜呵	續二 21
阿必惕剌阿速	卜呵	續二 21 21 22
中忽禿黑	神	八 40
中忽禿黑	福神的	三 6 十 4
中忽都黑	福神	三 13

札阿舌里惕	神告	三 39
札阿舌里惕	神告每	十 28
札阿舌鄰	神告	三 37 八 39
速篾思	佛每	續二 9
塔亦牙	祭祀咱	七 9
塔亦主為	祭祀了有	七 9
塔亦黑舌荅侖	被祭祀時	七 9
撒出罷	祭了也	三 7 8
馬里牙速中孩	祭祀	二 51
撒出阿惕	祭祀了	七 22
撒出里	灑奠	二 51
亦舌捏魯	燒飯祭祀	二 1
土烈食連	做燒飯	五 31
土烈失連	做燒飯	六 29
必列兀舌列徹	餘胙	二 2

撒兒舌忽中答察	胙行	二 2
主格黎突	以竿懸肉祭天	一 25
主格黎迭扯	以竿懸肉祭天處	一 26
額勒別孫	（祈禱）	六 16
斡赤速該	禱告	二 51
斡赤兀里	禱祝	二 51
札勒把舌里周	禱告着	十 18
札剌麻	（祈願）	六 16
莎葛惕	跪	十 34
莎葛惕抽	跪着	二 51 十 35
莎葛惕格主為	跪了有	十 35
莎葛惕格梅	教跪有	十 36
莎葛惕客兀勒迭罷	教跪了	十 35
莎歌都額速	跪告呵	十 27

木舌兒古周	叩頭着	續一	18
木舌兒古列額惕	觸了	三	38
木舌兒古周	觸着	三	38
兀者兀勒速	獻與	七	45 46
兀者兀魯牙	共獻咱	七	46
兀者兀魯耶	共獻咱	七	47
斡篾兒古	黨護	二	12
斡篾舌列周	黨比着	十	27 27
斡抹舌列周	黨着	十	36
阿鑾阿勒答周	盟誓着	三	44
安答中合舌兒壇	做誓有的每	三	12
安答中合周	说誓着	六	34
安答中合勒都周	共盟誓着	四	31
主格舌兒額速	詛呵	續二	24
主格舌兒堅	詛	續二	24

主格(舌)魯惕(中)渾	詛您	二續 24
阿兒(舌)巴惕(中)渾	呪您	二續 24
阿答剌梅	作祟有	二續 21 22
札答	致風雨	四 35 35
札答	能致風雨的事	四 35
札答剌(中)渾	致風雨的事	四 35

元祕史音譯類纂一三　人名類

成吉思　太祖

一 1 40 三 44 44 48 49 50 四 4 4 4 4 6 6 6 6 6 8 9 10 11
13 13 14 14 15 15 15 16 17 18 18 18 19 20 22 26 26 26 27 31 31 32
32 32 33 37 37 38 39 41 41 43 45 45 46 46 46 46 47 49 50 五 1 1
5 5 6 7 7 7 8 9 9 11 12 12 17 17 19 20 22 23 23 24 24 25
26 27 27 28 29 29 31 31 32 33 33 36 37 38 39 46 47 50 50 六 1 2
5 7 8 8 10 11 11 12 14 18 18 18 19 20 20 34 35 38 39 42 43 44
45 45 45 46 49 49 50 51 51 53 七 1 1 2 3 7 7 14 14 20 23 24
31 31 32 42 42 44 44 45 45 46 46 46 47 48 48 八 1 2 2 4 4 4
6 6 10 12 13 21 24 24 26 27 27 29 33 34 39 40 43 45 47 47 九 1
3 5 7 8 9 11 19 20 21 22 23 24 24 24 27 28 31 32 35 39 40 44
45 十 1 4 6 11 11 12 12 12 12 13 13 15 16 18 18 21 22 25 27 27
27 27 28 28 29 31 33 35 36 37 39 40 40 41 43 43 續一 1 2 2 4 6

阿兒(舌)孩(中)合(中)撒兒(舌)	人名	三 35 47 四 1 六 41 42 九 39
阿兒(舌)孩(中)合(中)撒剌(舌)	人名	六 20 七 21
阿兒(舌)孩(中)合(中)撒里(舌)	人名行	七 19
阿兒(舌)孩(中)合(中)薛兒(舌)	人名	續一 15
阿兒(舌)孩(中)	人名	六 42 46 50 十 2 9 續一 16 16 16 17
阿兒(舌)思闌	人名	十 10 11
阿兒(舌)思剌泥	人名行	十 11
阿(勒)灰(中)壇	人名等	四 30
阿忽(中)台	人名	九 39 十 9
阿忽(中)台	金主名	續一 10 11
阿剌合(中)別乞	女名	十 16
阿剌忽(中)失的吉(惕)忽(中)里(舌)	人名	六 44
阿剌忽(中)石的吉(惕)忽(中)里(舌)	人名	七 13 14 14 15

巴塔赤罕	人名	一	1 1
巴禿	人名	續二	13 16 16 18 27 28 29 31 32 33 35 36 50 50 51
把兒壇把阿禿兒	名	一	30
把兒壇把阿禿舌侖	名的	一	31
把歹	名	一	31
把舌林失亦舌剌禿中合必赤	兒名	一	25
把舌魯剌台	名	一	27
孛端察兒蒙中合黑	名	一	10 11 18
孛端察舌剌蒙中合黑	名	一	15
孛端察舌兒	人名	一	15 17 18 20 20 21 21 22 23 24 25 25 26 三 37
孛端察舌侖	人名的	一	18 25
孛兒只吉歹	名	一	2 2
孛兒帖	名	一	46
孛舌兒帖	婦人名	三	2 5 15 15

孛羅舌中忽侖	人名的	九 13 16 十 21
孛羅舌黑臣中豁阿	婦人名	一 2
孛脱中灰塔兒舌中忽	婦人名	十 22
孛脱中灰塔兒舌中渾	婦人名	十 17 20
孛斡兒出	人名	二 29 30 32 33 34 34 38 38 43 49 三 34 34 44 48 五 25 33 六 11 11 11 11 12 30 八 25 27 28 32 34 37 38 九 1 3 28 38 十 18 23 24 一續 21 23 二續 7 8 8
孛端察里舌	人名行	一 18 22
必勒格別乞	人名	四 33 六 40 42
別都兀	人名	九 2 2
別勒古訥台	人名	一 7 10 11 12 15 25
別勒古台	太祖弟名	一 31
別勒古台	名	二 7 7 8 10 13 27 28 28 36 38 38 38 39 43 46 49 五 20 20 21 21 21
別勒古台	人名	三 1 3 3 9 20 20 20 21 46 四 8 8 9 9 10 19 26 27 27 27 27 27 28 28 29 七 15 18 八 36 十 23 一續 33

不中合	人名	四 22 九 38 40 十 9 14
不中合台	人名	五 46 47
不中合古舌列堅	人名	八 26
不中忽禿撒勒只	人名	一 25
不中忽中合塔吉	名	一 10 11 15 18 20 20 20 25
不花帖木舌兒	人名	六 23
不吉歹	人名	九 36 37 十 2
不舌里不勒赤舌魯	兒名	一 23 23
不舌里孛闊	名力士	一 31
不舌里	人名	四 28 二續 16 17 18 27 29 29 30 32 36
不舌里孛闊	人名	四 8 8 8
不舌里孛可	人名	四 26 26 27 27 27 27 28 29
不魯中罕	人名	八 25
不乞歹	人名	十 9 二續 42
不勒帖出把阿禿兒	名勇士	一 30

察(中)忽(舌)兒(中)罕	人名	六 45 46 48 48 49 50
察(中)忽(舌)兒(中)合訥	人名的	六 49
察(舌)刺(中)合	人名	一 48 二 3 3 4 4
察(舌)刺孩領(中)忽	名	一 29 29 29
察(舌)刺(中)孩領(中)忽	人名	六 38
察納(舌)兒	人名	二續 41
察納(舌)侖	人名的	二續 41
察乃	人名	九 39 十 9 二續 48 49
察兀(舌)兒(中)罕	人名	三 34 47 四 1
察兀(舌)兒(中)孩	人名	八 26 十 26
察兀(舌)兒別乞	妹名	五 38
察兀(舌)兒別乞	女名	五 39 45 45 46
抄真斡兒帖該	名	一 29 29
扯(舌)列訥	人名的	五 48 48 九 26
扯扯亦格泥	女子名行	十 16

赤列都	人名	二48 三17
出勒格台	人名	八25
出古	人名	一續13 13 13
綽舌兒馬中罕	人名	二續15 26 26
綽納黑	人名	四30
答阿舌里台	人名	五21 十23
答勒都舌兒中罕	人名	三33
答舌兒伯	人名	十12
答中孩	人名	三50
答舌里台斡惕赤斤	名	一31 34 37 37 三41
答舌里台	人名	四33 五18
答亦舌兒	人名	八25
答亦舌兒兀孫	人名	二48 七45 46
答亦舌兒兀速	人名	七46 46
歹都中忽勒莎中豁兒舌里	人名行	十17

朶舌兒伯	名	十 19
朶中豁勒中忽	人名	九 3 38 41 二續 56 56
朶中豁剌歹	兒名	一 28
朶舌里不中合	人名	八 26
朶舌列格捏	名	八 1 1
朶羅阿歹	人名	八 25
額別該	人名	四 7 7
額舌兒格中合舌剌	人名	六 25
額舌兒客中合舌剌	人名	五 11 六 23
額勒中忽禿舌兒	人名	五 15
額篾勒	人名	四 30
額勒只格歹	人名	九 49
額勒只吉歹	人名	二續 30 38 43 43
夫中合訥	人名	一續 18 18 19
苟吉	人名	八 26

古出沽舌兒	人名	三 46
古出古兒	人名	八 25 九 30 30
古出古敦不亦魯舌黑	人名	五 28
古出古舌兒台不亦魯黑	人名	六 28
古出魯克	人名	七 28
古出魯克中罕	人名	七 26 27 43 八 2 3
古出魯乞	人名行	十 11
古出魯克中合泥	人名行	八 24 十 11
古出	人名	八 25 九 11 十 25 28
古出兀惕	人名	四 30
古舌兒中罕突舌兒	人名行	八 3
古舌兒中罕	人名皇帝	五 9 11 14 六 26 26
古兒中合泥	人名行	五 10 六 25
古舌兒中罕	人名	六 24 24
古舌兒別速	人名	七 9 10 11 44

古兒(舌)別速	母名	七 29
古鄰(舌)	人名	五 30
古温兀阿	人名	四 21 21
古温豁(中)阿	人名	八 39
古亦古捏克	人名	一續 1
古余克	人名	二續 16 16 18 27 29 30 30 32 33 35
古余吉	人名行	二續 31 34
古者	人名	二續 43
哈兒(舌)合(中)孫	人名	二續 30 32 32 35
哈兒(舌)合(中)速泥	人名行	二續 32
海(中)都	名	一 27 29
訶額侖	婦名	四 6 6 23 24 24
訶額侖	婦人名	一 35 三 17 24 30 31 33 33
訶額侖	太祖母名	二 2
訶額侖	母名	一 42 二 35 42 43 43 43 43 48 48 四 17 17 五 41

中合不勒	人名	一 30 30 32 32 32 33 四 25 25 28
中合臣	名	一 26 27
中合赤温	人名	一 26 28 41 二 13 43 六 41 十 30
中合赤温別乞	人名	五 40 41
中合赤温額勒赤	名	一 41
中合赤温脱中忽舌剌温	人名	三 33
中合赤曲魯克	名	一 26
中合赤曲魯昆	名的	一 27
中合赤兀	名	一 26 27
中合出剌	名	一 26 27
中合答安	人名	一 30 32 33 39 39 三 33 八 26 續二 40 40 41 42
中合答安答勒都舌兒中罕	人名	三 45 六 15 15
中合答	人名	六 3 續一 12 12 12 13 13 14 15 15 16 16
中合答黑	人名	六 51 51 51 52
中合答安	女名	二 23 四 46 46

中合里兀答舌侖	人名的	六 48
中合里伯	人名	一續 47 48 二續 15
中合撒舌兒	人名	一 41 三 1 3 3 9 46 四 6 五 32 六 44 48 49 49 49 十 26 27 27 27 29 30 30 一續 19 19 19
中合撒兒	人名	二 7 7 7 9 9 10 13 28 35 39 43
中合撒舌剌	人名行	四 6 23 十 23 29 31
中合撒舌里	人名行	六 45 七 32 十 27 27 28 28 28 28 30 36 一續 18
中合撒舌侖	人名的	六 45 48 十 28 29 31 續 32
中合失	人名	四 22
中合兀舌闌	人名	八 26
中合只温別乞	人名	四 30
中合只温脱中忽舌剌温	人名	三 45
中忽勒巴舌里	人名	五 15
中忽巴舌里中忽舌里	人名	六 31
中忽必來	人名	三 34 46 五 18 七 22 34 八 25 九 1 1 2 十 10 10

中忽闌把阿禿舌侖	名的	一31
中忽闌	女名	七46 47 48 48 48
中忽闌	婦人名	續一36
中忽闌中合禿	女名	七45
中忽舌里古舌列堅	人名	八26
中忽舌里失列木泥	人名行	八43
中忽舌鄰勒	人名	八26
中忽納納	人名行	九3
中忽難	人名	三41 六25 八25 九3 4 4 4 4 19 十25
忽禿禿蒙古兒	名	一30
中忽禿黑禿蒙古舌侖	名的	一31
中忽禿禿禹兒乞	名	一30 30
中忽禿剌	人名	六35 八39
中忽禿黑圖蒙列舌兒	人名	四28
中忽禿	人名	四30 34 36 十11

中晃中豁舌兒台	人名	二續 33 35 38
中晃中豁舌兒塔中孩	人名	二續 43
中晃塔中合舌兒	人名	一續 46 47 47
豁阿兀真訥	婦人名的	二 6
中豁阿黑臣	婦人名	二 42 44 44 45 46 46 47 50
豁阿黑臣	老婦名	三 15
豁孛格禿舌兒	人名	一續 12 12 12
中豁敦斡舌兒長	人名	四 30 37
中豁舌兒赤兀孫	人名	三 36
中豁舌兒赤	人名	三 37 八 25 40 41 41 41 42 42 十 20 20 21 21 21
中豁舌兒中豁孫	人名	八 25
中豁舌兒中合孫	人名	十 25
豁舌兒中忽答黑	人名	二續 42
豁雷中合	女名	十 16
豁舌里察兒蔑兒干	名	一 1 1

可(克)薛兀撒(卜)(舌)剌(黑)	人名	五 29 32 六 29 七 9 13
客台	人名	八 26
客帖	人名	八 25 十 25
窟出沽(舌)兒	人名	三 34
闊可掤思	人名	八 25
闊客掤思	人名	十 25
闊闊掤思	人名	三 36 九 4 4 4 19 一續 23
闊闊出乞(舌)兒撒安	人名	六 38
闊闊出乞(舌)兒撒阿	人名	六 38
闊闊出	人名	三 32 四 24 七 6 6 6 6 6 7 7 7 八 25 九 11 十 25 27 28
闊闊	人名	八 25
闊湍巴(舌)剌(中)合	名	一 39
闊(克)薛兀撒(舌)剌(黑)	人名	六 28
剌巴(勒)(中)合	人名	二續 42
剌(卜)剌(中)合	人名	九 37

蒙力克	人名	二 1 1 四 6 6 五 46 46 47 八 25 33 33 33 十 26 38 39 40 43 44 44
篾兒干	善射者	一 1 2 2
篾格禿	人名	八 26
篾古真薛兀勒圖田	人名等	四 10
篾古真薛兀勒圖	人名	四 11 12
篾古真薛兀勒圖宜	人名行	四 14 14 15 15 15
篾古真	人名	四 13
篾力昆	名的	續一 37 37 40
篾力克	名	續一 38 38 38 38 39 39 52 52
蔑力吉	名行	續一 40
篾年土敦	名	一 26 26
模合(中)里	人名	四 21
抹赤別都温	人名	三 35
抹羅(舌)合(中)	人名	八 26
木格	人名	八 25

木合(中)里	人名	五 25 33 六 30
木合(中)里	名	九 28 38 十 24
木合(中)里壇	人名	續一 21
木合(中)黎	人名	八 24 27 28 32 37 39 39 39 39 九 1 3 十 18 23 續一 23 44 續二 7 8 8
木合(中)黎國王	人名	八 25 40
木勒合(中)勒忽(中)	人名	三 41 47 九 30 30
木勒客脫塔黑	人名	四 4
那莫侖	婦人名	一 27
那牙吉歹	名	一 27
納臣把阿禿兒	名勇士	一 26
納臣把阿禿侖(舌)	名勇士	一 28 28
納忽(中)伯顏	人名	二 29 33 33 34 34 35 八 36
納鄰(舌)客延	人名	五 49 49 50
納鄰(舌)脫斡里(舌)剌	人名行	九 21
納牙阿	人名	五 1 2 5 5 6 6 7 七 47 47 47 47 48 48 九 27 27 27 27 28 29

納牙	人名	七 45 46 46 46
乃牙阿	人名	八 25
你勒(中)合桑昆	人名	五 39 40 41 42 44
揑坤太子	名	一 31 34
揑坤太子	人名	三 41 四 7 六 35
揑(舌)列	名分	四 15
揑兀歹察(中)合安兀阿	人名	四 5
揑兀歹察(中)合安兀洼	人名	三 35
乞(舌)剌台	人名	五 46 47
乞(舌)里勒禿	人名	九 27
乞失里(中)合	人名行	五 48 49
乞失里黑	人名	五 48 49 50 50 六 1 七 2 3 八 26 九 25 26
乞失黎黑	名	一 31
輕吉牙歹	人名	三 35 八 26
曲出	人名	三 23

音譯	釋義	出處
失乞兀(舌)兒	人名	四 7
失乞刊(中)忽都(中)忽	人名	四 17
失都(舌)兒(中)忽	名	續二 10 10 12
失(舌)兒古額禿	人名	五 1 2 2 3 4 4 5 6 7
失(舌)兒歌禿	人名	九 27 27
失吉刊(中)忽禿(中)忽	人名	四 24
失吉(中)忽禿(中)忽魯阿	人名一同	十 8
失吉(中)忽禿(中)忽	人名	八 25 27 28 28 29 30 31 31 32 九 11 十 24 24 續一 15 15 16 16 17 38 38 38 44
失(舌)剌(中)罕	人名	續二 38
失(舌)剌(中)忽勒	人名	八 26
失魯(中)孩	人名	八 25
失主兀歹	兒名	一 28
掤(舌)兒馬(中)罕	人名	續一 46 47
掤(舌)兒馬(中)合泥	人名行	續一 48

		23 25
塔(舌)兒(中)忽台乞(舌)里勒禿黑	人名	四 30
塔(舌)兒(中)忽台乞(舌)鄰勒禿吉	人名	五 2 2 6 7
塔兒(中)忽台乞(舌)鄰勒禿黑	人名	二 3 13 16 五 1 3
塔兒(中)忽台乞(舌)侖勒禿黑	人名	九 23
塔(舌)兒(中)忽台乞(舌)里勒禿吉	人名行	九 27 28
塔(舌)兒(中)忽台	人名	五 2 2 5 6 6 7
塔該	人名	八 41
塔(中)孩	人名	三 47 五 11 六 26 七 1 八 25
塔馬察	名	一 1 1
塔馬赤	人名	八 26
塔楊(中)罕	人名	五 40
塔乞	人名	三 35
塔陽	人名	七 9 9 10 10 10 12 14 25 26 27 28 28 28 28 29 31 33 33 34 34 35 36 37 37 39 39 39 42 42 43 44

帖木侖　女子名　二 13 43

帖木真　名　一 40 41 41 42 42 46 47 四 45 五 3 4 14 14 30 35 36 40 40 42 六 3 5 十 28 29 30

帖木真　人名　二 4 4 7 7 7 9 9 10 15 26 28 28 30 32 33 35 35 36 39 39 43 43 44 45 49 50 三 1 3 3 5 7 8 10 10 11 11 12 15 16 22 24 24 25 26 27 28 29 29 30 30 30 39 39 50 四 1 1 七 33 36 36

帖木真揑　人名行　二 29 三 26

帖木真魯額　人名一同　六 17

帖木真兀格　名　一 40 40

帖木只　名　一 49 49 二 1 1 1 14 14 16 17 36 41 45 四 46 五 3 41 48 48 49 六 31

帖木只訥埃　人名的　二 45

帖木只訥　人名的　二 47 48 三 15 15 26 26 38

帖木只　人名　三 9 17 26 28 38 42 43 43 44

帖木格　名　一 41 二 13 十 33

土古兀歹	兒名	一 23 23
屯必乃薛禪	名	一 29 30
拖雷	名	九 13 16 十 26 一續 13 13 13 32 32 41 43 43 43 二續 13 14 22 24
拖雷牙	人名行	七 1
脫不(中)合	人名	八 26
脫迭格	人名	九 26
脫朶延	名	一 32 六 40 42
脫朶延斡(惕)赤斤	名	一 30
脫朶延吉兒帖	人名	二 3 3
脫朶格因	人名的	四 47
脫(舌)兒魯(黑)	人名	七 13
脫(舌)兒必塔失	人名	七 13
脫古思別乞	人名	五 27
脫(中)忽察(舌)里	人名行	一續 37
脫(中)忽察(舌)兒	人名	一續 37 38 二續 53

斡(黑)答	人名	六 38 38
斡(舌)兒伯	婦人名	二 1 1 2
斡格(舌)列	人名	七 18 九 38 38
斡歌列	人名	七 19 十 2 9
斡歌歹	人名	八 1 九 16 16 17 續一 29 29 29 29 31 31 32 33 41 42 42 44 44 45 續二 14 14 14 15 17 18 19 20 21 21 26 28 36 46 51 54
斡歌答牙	人名行	十 23
斡歌連徹(舌)兒必	人名	三 34
斡歌來徹(舌)兒必	人名	三 44
斡歌歹突(舌)兒	人名行	十 26
斡豁禿(舌)兒	人名	續二 15
斡闊歹魯額	人名一同	六 11
斡闊歹	人名	六 11 13
斡闊迭耶	人名行	六 14
斡闊歹因	人名的	六 13

撏鎖赤	名	一 2 2
撏薛出列	名	一 30 30
想昆必勒格	名	一 29 32
許孫	人名	八 25
薛潮舌兀兒	人名	八 26
薛扯別乞	名	一 31
薛扯朶抹黑	人名	三 35
薛赤兀舌兒	人名	三 35
雪格額台	人名	五 40
雪亦客禿	人名	三 35 45 七 18
牙勒巴黑	人名	續二 41 42
牙的舌兒	人名	六 2
牙剌哇赤	人名	續一 50 51 51
也迪土卜魯黑	人名	五 28
也迪	名	十 14

也速該把阿禿兒	名	一 34 40 42 42
也速該把阿禿舌兒	太祖父名	一 36
也速該把阿都舌兒	人名	四 7 28
也速該把阿禿舌剌	人名行	三 17
也速迭舌兒中豁舌兒赤宜	人名行	二續 28
也速干	女名	五 22 22 23 23 23 24
也遂	名	五 22 23 24 24 24 25 二續 1 2 13
也遂	婦人名	一續 20 21
也孫格	人名	二續 13
也孫帖額	人名	九 36 37 37 十 2 9 二續 42
亦巴中合別乞	女名	七 1
亦巴中合別乞	夫人名	八 45
亦巴中合	夫人名	八 46 47 47 47
亦都中合歹	人名	八 26
亦都兀惕	人名	十 12 13 13 13

亦秃(舌)兒格 人名 六 48 49 49

余(舌)魯(中)罕 人名 八 25

月(中)忽難 人名 七 14 15

札答(舌)剌歹 人名 一 23

札(舌)兒赤兀歹 人名 二 41 41 九 5

札(中)合敢不 人名 三 10 11 11 12 四 33 五 8 9 15 七 1 1 八 45 45 45 47

札剌(勒)丁 人名 續一 52 52

札剌亦(舌)兒台 人名 續二 28

札剌(勒)丁 回回王名 續一 38

札剌(勒)丁 王名 續一 38 38 38 39 39

札(舌)里不花 名 一 39

札鄰不(中)合 人名 四 30

札木(中)合 兒名 一 23

札木(中)合 人名 三 2 2 2 3 3 4 4 4 4 5 5 7 9 10 11 11 11 12 12 12 16 22 22 24 24 25 26 26 27 28 28 29 29 29 30 31 31 32 37 37 38 38 38 38 41

詞目	類	出處
者卜客	人名	四21 23 23 八25 十26 31
者勒篾	人名	二41 41 43 49 三34 48 四39 39 39 40 40 41 42 六1 七34 八25 九1 1 5 5 6 6 14 14 14 14 15 36
者勒蔑宜	名行	二41
者勒篾豁中阿宜	人名行	六1
者勒篾突兒舌	人名行	三34
者台	人名	八25
者温	人名	三35
只兒舌豁中安	人名	三35
只兒舌豁中阿歹	人名	四50 續一40
種賽	人名	十25
種索	人名	三35
冢率	人名	八25
主兒舌扯歹	人名	四5 六7 8 8 8 9 9 20 46 50 八25 43 43 44 44 44 45 45 46 46 46 九2 39 續一19

元祕史音譯類纂一四　地名類

阿的勒	河名	二續 16
阿兒（舌）不合（中）因	地名的	二續 1 11
阿兒（舌）合（中）勒荀吉迭	地名行	六 46 47 48
阿勒（中）灰不剌阿	地名行	四 31
阿剌（舌）亦牙兒（舌）	地名依着	一續 36
阿剌屼屼惕土兒（舌）合（中）兀的牙兒（舌）	山名依着	四 3
阿剌篩	贺蘭山名	二續 4 4 5 5
阿來（舌）亦牙兒（舌）	山名依着	八 2 4
阿里（舌）黑兀孫納	地名行	一 5 6
阿梅	河名	一續 41
阿速惕	城名	二續 27

巴舌魯剌客額舌列徹	地名行	一續 41
巴亦答舌剌黑別勒舌赤列	地名行	五 29
巴勒渚納	海子名	六 43 八 44 44
巴泐渚納	水名	六 44 44 45 46
巴勒諄阿舌剌勒	水名	一 15
拜答舌剌黑別勒赤舌列	地名處	六 28
北京	大寧	一續 18 18 19
孛剌舌兒巒	城名	二續 27
孛脱中罕孛斡舌兒只	地名	三 13
孛脱中罕孛斡舌兒只答	地名行	三 8 9 11
別迭兒	山名	二 26
別舌兒客額列惕帖	地名	五 40
不黑都舌兒麻	地名	八 2
不兒吉	地名	二 38 41 42

不（中）罕	山名	二 27 44 47 50
不（舌）兒吉	岸名	三 10 10
不（舌）峏吉額（舌）峏吉	地名	六 27
不峏（中）罕	山名	二 50
不峏罕（中）合（勒）敦	山名	一 1 3 3 6 6
不峏罕（中）合（勒）都納察	山名自	二 41
不峏（中）罕（中）合（勒）敦納察	山名自	二 49
不峏（中）罕（中）合（勒）敦泥	山名行	二 48
不峏（中）罕（中）合（勒）都納	山名行	二 50
不峏（中）罕（中）合（勒）都泥	山名行	二 51
不（舌）峏（中）罕（中）合（勒）都訥	山名的	三 8 10 10
不（舌）峏罕（中）合（勒）墩訥	山名的	三 25
不（舌）峏（中）罕（中）合（勒）墩泥	山名行	三 17 八 10
不（舌）峏（中）罕泥	山名行	三 21 四 43 八 37
不（舌）峏罕（中）合（勒）都納察	山名行	九 5

不合(中)兒(舌)	城名	一續 38 43 50
不兀剌(舌)	地名	三 5 13 五 13
察卜赤牙里	居庸	一續 14
察卜赤牙里	居庸關行	一續 4 二續 20
察卜赤牙里牙兒(舌)	居庸關依着	一續 12 18
察卜赤牙勒	居庸關	一續 1 1
察卜赤牙剌	居庸關	一續 2
察卜赤牙侖	居庸的	一續 2 14
察乞兒(舌)馬兀惕	地名	七 31
察乞兒(舌)馬兀答察	地名處	七 32
察速禿	雪山名	二續 7 9
扯克扯侖(舌)	地名	一 47
扯克徹兒	山名	一 42 二 36
徹克徹列(舌)	地名行	四 33
赤忽(中)兒(舌)忽(中)答	地名行	四 33 33

迭里温孛勒答中合	地名行	九 5
迭舌里温孛勒答中合	地名	一 40
東昌	郡名	一續 2 2 3 4
都亦舌連	山名	一 17
朶舌兒箆該	靈州	二續 9
朶羅安孛勒答兀惕塔	地名行	四 19
額迭舌兒阿勒塔因	地名的	六 29
額垤舌兒阿勒台因	地名的	五 31
額舌兒的盾	水名的	八 2
額舌兒的失	水名	八 3 3 41
額舌兒的失	地名行	一續 52
額舌洏古涅	河名	四 31 31 37 37
額舌洏古揑	河名	六 44
額客中豁舌羅中罕	河名	一續 39
額舌里中合牙	寧夏	二續 5

中合迪黑里黑你魯兀訥	地名的	六 27
中合勒敦	山名	二 50
中合勒敦不峏中合納	山名行	二 50
中合勒墩不舌峏中罕納	山名行	三 20
中合泐中合	河名	六 18 18 19 19
中合勒中合	河名	六 18 七 18 21 八 44
中合舌剌只客額舌列	地名、野甸行	三 6
中合舌剌中合納	地名	三 41
中合舌剌主魯格訥	地名的	三 42
中合剌中合勒只惕	沙磧名	六 1
中合剌中合勒只惕	地名	八 15 43
中合勒中合勒只惕	沙磧名	九 16
中合舌剌答勒忽札兀舌剌	地名行	七 45
中合舌剌温	山名	五 9 六 24 24
中合舌剌温礩都訥	山名的	六 45

中合舌刺温只都泥	山名行	八 40
中合舌刺只舌魯格訥	山名的	二 27
中合舌刺泄兀渤	水名	五 30
中合舌刺洩兀勒	水名	六 29
中合申	地名	五 10 六 25
河西務	鎮名	一續 14
中忽巴中合牙	地名	五 1 12
中忽勒答中舌合兒	山名	三 28
中忽都中忽勒訥兀答察	地名處	五 6
中忽舌兒班帖列速惕	地名	六 25
忽刺安中忽惕答	地名行	五 34 六 30
忽刺安不舌魯中合惕	地名	六 2 2
忽刺安孛魯中合惕	地名的	六 14
忽刺阿訥屼惕孛勒答屼惕塔	山名行	六 22

忽里牙秃速卜赤惕	地名	三 25
忽揑堅答巴阿舌兒	野狐嶺依着	續一 1
中忽木升吉舌侖	地名的	五 28
中忽速秃失秃延	地名	四 13
中忽秃中忽勒	地名	九 27
中忽秃中忽勒訥兀答	地名行	五 5
濣那訥	河名的	四 4 4
濣難訥	河名的	四 18
中豁兒中豁納黑主不兒	地名川	一 39
中豁舌兒中豁納黑主不舌兒	地名	三 24
豁舌兒中合訥	地名	續一 43
中豁舌兒中豁納黑主不舌剌	地名行	三 2 25 八 16
中豁舌兒中豁納黑主不舌侖	地名的	三 28 八 39
中豁兒中豁納中渾	地名行	一 39
中豁兒出中灰	山名	二 26

闊闊納浯兒(舌)	海子名	三	42
闊漣納浯兒	海子名	一	32
闊亦田	地名	四	35 49
卯温都侖(舌)	山名的	六	1 1 2 2 14
篾格(惕)	城名	二續	27 29
篾客(惕)綿	城名	二續	16
莫州	郡名	一續	6
木魯(舌)徹薛兀(惕)	地名	六	27
納忽(中)	山名	七	31 32 32 42 43
納剌(舌)禿失禿額捏	地名行	四	13 16
納浯	河名	一續	18
南京	汴梁	一續	13 18
		二續	26
涅坤	水名	七	5 5
捕鱼兒	水名	一	32
捕鱼兒(舌)	海子名	六	19

勺舌峬中合勒中忽訥	山名的	六 22
失勒斤扯克	地名	二續 58
失舌剌客額舌列	地名	一 47
失舌剌客額舌兒	地名	一續 14
失舌剌迭克禿舌兒	龍虎臺名	一續 2　二續 21
失黑失惕	地名	十 14
失思吉思	地名	四 36
濕魯格泐只惕	水名	六 15
搠斡舌兒中合惕	地名	二續 1　3
申	河名	一續 39　39　39　39　39　51
潰中豁黑	水名	五 28
塔瀰舌剌	河名行	七 43
塔勒中渾阿舌剌剌	地名行	三 6　24
塔米舌兒	水名	七 31
塔納	河名	三 10

禿剌	河名	一續 52
禿（勒）勤扯兀的	地名行	七 15
禿浯剌	河名	六 25
土兀剌	河名	二 39 三 1 25
土屼剌因	地名的	五 36
土浯剌	河名	六 27
脱豁察（黑）温都兒	地名	一 8
温都（舌）侖	山名的	五 40
斡（舌）兒訥兀因	地名的	七 18 21
斡（舌）兒洹	水名	三 5
斡（舌）兒（中）罕	河名	三 24
斡（舌）兒（中）豁泥	河名行	七 31
斡（舌）峏訥屼因	山名的	六 19
斡列該不剌（中）合	地名	四 2
斡（舌）籠格赤	城名	一續 44 45

兀惕乞牙	地名	四 33
浯舌瀧古	水名	六 28
浯泐中灰濕魯格勒只惕	水名	六 15
浯剌	河名	一續 18
浯泐札	水名	四 11 12
浯勒札	水名	四 13 13
昔思田	城名	一續 43
宣德府	府名	一續 1 1
薛涼格	地名	四 36 九 24 24
薛涼格	水名	三 5
薛涼格	河名	三 14 15 24 五 13 33 六 24
薛米思堅	城名	一續 50
薛米思加卜	城名	一續 38 42 43
薛速惕	城名	二續 27
亦的勒	河名	一續 49

元祕史音譯類纂一五　種名類

阿(勒)赤塔塔(舌)兒	種	五 17 18
阿答兒斤	一種	一 28
阿答(舌)兒乞訥	種名的	八 41
阿答(舌)兒吉歹	種	一續 47
阿當(中)罕	種名	一 22
阿當(中)合	種名	一 26
阿(舌)魯剌答察	種名行	三 34
阿魯(中)孩塔塔(舌)兒	種	五 17 18
阿(舌)魯剌(惕)	一種	一 29
阿(舌)魯	種	一續 49
阿速(惕)	種	一續 49 二續 15
阿(勒)壇	金国	四 10 12 15 15 16 一續 13 18

巴亦惕	種	十 15
巴只吉答察	種處	十 15
巴只吉惕	種	一續 49
巴只吉惕	種名	二續 15
巴只吉的	種行	二續 27
把舌魯剌	種名	一 27 27
把舌魯剌思	種每	一 27 27
把舌魯剌思	一種每	一 27
孛兒只斤	一種	一 25
孛剌舌兒	種	一續 49
備舌魯兀惕	種姓	一 32
別勒古訥惕	一種	一 25
別速惕	一種	一 29
別速台	姓氏	一 33
別速敦	種名的	三 32

別速迭扯	種名行	三 34
別速敦	種的	四 24
不答阿惕	一種	一 28
不古訥惕	一種	一 25
不合(中)兒(舌)	種名	二續 15
不里(舌)牙惕	種	十 14
察阿安塔塔(舌)兒	種	五 17
察罕塔塔(舌)兒	種	五 18
敞失兀惕	種名	三 34
敞失兀惕	種	九 8
赤那思	種名	八 41
董(中)合亦惕	姓	五 9 七 4
董(中)合亦敦	姓的	六 4 5
董(中)合亦的	姓行	六 9 八 43
都塔(中)兀惕	種	五 17

都塔兀(惕)塔塔(舌)兒	種	五18
朶(舌)兒別揑徹	種名行	三35
朶兒邊	種	四30 30
朶(舌)兒邊	種名	七44
朶(舌)兒別台	姓	十18 一續49
朶籠吉(舌)兒歹	種	一續47
額不格真	種人	五40 41
額兒點圖巴(舌)魯剌	一種	一27
格(舌)列亦(惕)魯阿	種一同	十23
格(舌)列亦敦	種名的	四15
格泥格思	一種	一29
格你格思	種名	三41
格你格歹	種名	九3
格你格	種名	九4
(中)合阿(惕)	姓氏	二48 三5 8

中合答吉歹	種	四 8
中合答斤	種	四 30 30
中合答吉訥	種的	四 30
中合舌兒魯兀的	種名行	八 3
中合舌兒魯兀惕舌途兒	種名行	十 10
中合舌兒魯兀敦	種的	十 10
中合舌兒答乞歹	種人	五 40
中合舌兒塔阿惕	種人	五 41
中合卜中合納思	種	十 14
中合舌刺乞答惕	種	五 13
中合舌刺乞答敦	種的	五 11 14 六 26
中合舌刺乞答敦	種名的	八 3
中合舌刺乞答敦	契丹的	續一 2
中合舌刺乞塔敦	契丹的	續一 4
中合舌刺乞塔惕主因	種名	續二 8

(中)合(舌)里	部落	九 8 8 22
(中)合(舌)里牙壇	屬的每	七 1 十 33 35
(中)合(舌)鄰	部	四 3
(中)合(舌)鄰	部落每	四 31
(中)合申	種名	一續 8 8 10
(中)合塔斤	一種	一 25
(中)合塔斤	種名	七 43
(中)合卜禿兒(中)合思	一種	一 29
忽剌安迭格列泥	種行	一續 12 13
(中)忽(舌)魯(木)石	姓	一續 50 50
(中)晃(中)豁壇	一種	一 29
(中)晃(中)豁塔歹	種名	一 48 二 3 4 二續 2
(中)晃(中)豁塔納察	種名行	三 35
(中)晃(中)豁答歹	種姓	四 6
晃(中)豁塔歹	種	十 26

晃(中)豁壇	種	十 27 34 34 36 37 40 45
晃(中)豁塔納	種行	十 27 35
豁阿思	姓	七 45
(中)豁(舌)里刺兒	姓氏	一 6
(中)豁(舌)里禿馬敦	部落名	一 5 5 6 6
(中)豁(舌)里禿馬惕	種	十 17
(中)豁(舌)魯刺思	種	六 43 43
(中)豁(舌)羅刺撒察	種名行	三 35
(中)豁(舌)羅刺孫	種的	四 30 31
(中)康(中)合思	種	十 14
(中)康里泥	種名行	八 4
(中)康鄰	種名	二續 15 27
(中)康鄰	種	一續 49
客失米(舌)兒	種	一續 49
客失米(舌)兒	種名	二續 15

客思的音	種	十 15
客舌列勒	種名	二續 15
客舌列亦惕途舌兒	種名行	八 44
客舌列亦惕	種名	二 39 七 1 3 3 4 八 15 43
客舌列亦惕	種	五 9 六 9 12 九 16
客舌列亦的	種名行	七 2
客舌列亦敦	種名的	三 1 4 50 八 45
客舌列亦敦	種的	五 8 9
舌剌舌剌勒	種	一續 49
馬阿里黑伯牙兀歹	姓氏	一 9
馬答撒舌里	種	一續 49
馬舌魯	種	一續 49
馬札舌剌惕	種	一續 49
馬札舌兒	種名	二續 15
忙中忽惕	種	六 3 18

忙(中)忽惕	種名	七 35
忙(中)忽惕	一種	一 28
忙(中)忽惕	姓	六 8 8 8
忙(中)忽的	種行	六 5
忙(中)忽的顏	一種自的行	四 5
忙(中)忽的牙(舌)闌	種名自的行	九 2
忙(中)忽的牙(舌)里顏	姓行领着	六 8
忙(中)忽敦	種名	四 5
忙(中)忽敦	姓的	六 7
忙(中)忽答察	種名行	三 34
忙(中)豁侖	達達的	一 39 六 16 七 14 23 25 26 27 27 27 27 29 44 九 19 一續 5 5 二續 8
忙(中)豁勒	達達每	三 12
忙(中)豁勒	達達	一 39 三 50 六 17 七 11 11 13 26 八 26 一續 4 二續 4 23
忙(中)豁勒突(舌)兒	達達行	七 12 27
忙(中)豁里	達達行	一 32 32 七 11 24 36 一續 5

忙中豁剌	達達行	一續 4
忙豁剌察	達達處	四 34
忙中豁勒真	達達	八 24
篾舌兒乞歹	種名	三 21
篾舌兒乞歹	種	一續 22
篾兒乞帖	姓行	三 19
篾舌兒乞敦	種名	二 50 三 14 28
篾舌兒乞敦	種名的	一 34 二 48 48 48 三 15 17 17 24 27 七 45 45 八 1 2 3 10
篾舌兒乞敦	種名每的	三 16
篾舌兒乞敦	種的	四 24 30 34 36 五 13 32 六 24 30 九 24 24 十 11
篾舌兒乞的	種名	二 50 三 2 15 21
篾舌兒乞的	種名行	三 2 5 5 八 1 4 4 5 12
篾舌兒乞惕	種名	二 48 48 48 49 三 1 4 8 8 16 22 23 23 四 43 七 45 八 1 3 3 4 4 36 44 45
篾舌兒乞惕	種	五 9 13 13 六 27 28

乃蠻	種名	七 16 21 23 31 32 36 42 42 43 43 八 3 3 12 12 15 24 44
乃蠻魯阿	種名一同	七 33
你出古惕巴阿舌里訥	種的	五 1
捏古思	種	九 22 22 22
乞卜察兀惕	種	一續 49
乞卜察兀惕	種名	二續 15
乞卜察兀的	種名	二續 27
乞卜察兀的	種名每行	二續 35 35
乞卜察黑臣	種名	二續 28
乞舌兒吉速惕	種	十 14
乞舌兒吉速敦	種的	十 14 15 15
乞塔惕	金國	一續 1
乞塔的	契丹行	一續 2 13
乞塔惕	契丹的	四 10
乞塔惕	契丹	一續 10 10 11 11 13 51 二續 8 8 8 19 19 20 21 22 23

撒勒只兀惕　一種　一25

撒勒只兀惕　種　四30

撒勒只兀惕　種名　七44

撒勒只兀敦　種的　四30

失必兒(舌)　種　十15

速勒都孫　種名　二18

速勒都撒　種名　三34

孫勒都歹　姓　七1

塔兒(舌)忽(中)敦　種名　三33

塔兒(舌)忽(中)惕　種名　三33

塔兒(舌)忽(中)惕　姓　九8

塔思　種　十15

塔塔兒都里(舌)顏　種自的行　五20

塔塔里(舌)　種名　一40

塔塔侖(舌)　種的　一39 40 40 四10 12 13 16 24 30 30 五13 19 22 25 九12 14

泰亦赤兀敦	種的	四 24 30 36 37 47 五 1 九 26
泰亦赤兀台	種	五 1
泰亦赤兀答察	種名處	九 23
泰亦只兀敦	種名的	二 5
泰亦只兀惕魯阿	種和他	四 37
唐(中)忽敦	種的	五 11
唐兀惕	種	一續 8 9 9 11 35 二續 1 1 2 2 3 10 12 12 12 12 12 13
唐兀都的	種名每行	二續 6 6 7
唐兀敦	種的	五 14 15 六 26
田列克	種	十 15
帖良古惕	種名	八 41
禿巴昔	種行	十 14
禿別干	姓	五 9
禿別額泥	姓行	七 4
禿別格泥	姓行	八 43

汪古惕	種名	八 26 十 16
汪中豁只惕	姓	七 2
委兀敦	種的	五 14 15 六 26 十 12
委兀舌兒台	種名	八 3
畏亦中忽敦	種的	五 11
翁吉舌剌歹	人氏	一 42
翁吉舌剌惕	姓氏	二 36
翁吉舌剌惕	人氏	一 44
翁吉舌列敦	種的	四 30
翁吉舌剌惕	種	六 19 19
翁吉舌剌的	種行	六 20
翁吉舌剌惕	種名	七 44 八 26
斡孛黑圖	姓	一 6
斡孛黑壇	姓	一 7
斡孛黑壇	姓氏每	一 23 24 25 25 25 25 25 27 27 27 28 28 28 31

斡亦舌剌惕都舌里顏	種每	十 14
兀卜赤黑台	姓	五 30
兀都亦惕	姓氏	二 48 三 5 8 17 23 八 10
兀舌兒速惕	種	十 14
兀舌良孩	部落名	一 6
兀舌良中合歹	部落名	一 8
兀舌良中合真	姓	一 22
兀舌良中合歹	姓氏	一 26
兀舌良中合歹	種名	二 41
兀舌良中合納察	種名行	三 34
兀舌良中合歹	種	六 1 45
兀舌魯兀敦	種名的	四 5
兀舌魯兀敦	姓	六 7
兀魯兀的牙舌兒	種領着	六 19
兀舌魯兀的額舌里顏	姓領着	六 8

亦乞舌列孫	種名	三 35
亦乞舌列孫	種的	四 30
亦乞舌列思	種名	八 26
亦乞舌列薛徹	種名處	四 4
禹兒乞	一種	一 31
札答舌剌訥	種名的	一 23
札答舌剌納察	種名處	三 41 九 30
札答舌闌	一種	一 23
札答舌闌	種名	四 3 七 43
札兒赤兀勒	種名	一 22
札中忽敦	金人的	二續 55
札中忽惕	金人每	二續 55
札剌亦舌侖	種名的	三 33 35
札剌亦舌侖	種的	四 21
札剌亦舌兒台	種	十 31 一續 51

札里牙兒(舌)台	種名	續一 39
札只剌(舌)歹	種名	四 31
沼列(舌)敦	一種的	一 26
沼兀列(舌)亦惕	一種	一 26
沼兀里(舌)耶歹	種	六 45
趙官	宋	續一 11 11
只兒(舌)斤	姓	六 3 3 七 4
只兒(舌)吉訥	姓的	六 4 5 51
只兒(舌)吉你顏	姓自的行	六 5
只兒(舌)吉泥	姓行	六 8 8 52 七 1 八 43
主兒(舌)乞訥	種名的	三 41 四 6 13 21 23 24
主兒(舌)乞揑徹	種行	四 8
主兒(舌)乞揑	種名行	四 13 13 18
主兒(舌)乞泥	種行	四 19 19
主兒(舌)勤	種名	四 18 18 19 21 25 25 25 26 26 26

主(舌)兒扯敦	女真的	一續 2 4 18 19
主(舌)兒扯惕	女真	二續 28
主亦納	種的	一續 2 4
主亦泥	種名行	二續 8
主因	種姓	一 33

元祕史音譯類纂一六　代名詞類

必我

一 9 9 22 33 43 43 49 49 二 19 23 28 28 28 29 29 29 29 30 30 32 32 33 33 33 33 33 34 35 41 41 45 45 50 50 51 51 三 1 1 2 2 2 4 4 4 7 7 7 7 7 8 8 8 8 8 8 8 8 9 16 18 18 19 19 19 20 21 30 31 31 45 45 四 9 9 15 22 23 28 28 39 42 42 42 42 43 46 46 47 47 49 五 3 4 15 16 25 30 33 33 36 36 40 48 六 4 5 5 6 7 12 22 23 23 27 28 28 29 30 33 36 36 36 36 36 37 39 46 46 51 七 5 7 7 10 14 14 14 14 42 46 47 48 48 八 10 10 17 18 18 18 18 18 18 18 19 19 20 20 28 28 28 29 36 39 44 46 九 2 12 23 23 十 25 31 34 35 40 續一 15 16 16 22 31 31 32 35 續二 4 4 4 19 19 20 23 23 24 24 24 24 24 24 24 29 50 55 55 57 57 57

納答我行

一 9 二 32 34 三 1 四 42 五 35 六 35 八 29 35 47 九 43 十 35

納答察比我

五 22 22 六 4 6

49 50 50 五 3 4 30 30 33 34 35 35 35 35 36 36 40 42 42 六 5 7
16 21 21 21 21 22 22 22 24 24 24 25 25 26 27 29 30 30 30 31 31 31
31 34 34 37 38 39 39 39 46 七 3 6 10 10 10 15 19 19 33 36 36 42
48 48 八 13 14 18 19 19 20 20 21 31 35 37 38 38 46 47 九 4 8 9
11 11 15 17 17 21 22 26 43 43 45 45 45 45 十 1 1 1 1 1 1 2
2 2 2 2 3 3 3 3 4 7 7 16 22 22 29 30 30 30 30 35 37 37
43 43 一續 17 17 22 28 31 33 33 33 48 二續 8 11 11 14 23 24 36 42 45
46 46 46 55 55 56 56 56 56 56 57 57

米訥埃　我的
十 34

必答　咱
二 49 三 2 4 4 6 23 四 4 18 19 20 五 4 5 5 6 6 13 15 15 17
20 44 47 49 49 六 21 22 27 27 28 七 9 11 15 26 27 27 47 八 14 36
39 44 九 3 27 十 31 一續 4 二續 2 11 30 48 49

必答　咱每
一 11 21 二 8 8 9 20 三 4 12 16 23 23 31 31 四 9 12 12 12 35 五
37 43 44 六 3 4 14 16 17 20 28 七 16 一續 5 22 45 二續 2 3 45 45

必答訥　咱的
三 3 15 四 2 13 17 18 19 33 34 46 五 13 20 21 23 28 38 39 45 46 六

4 11 12 34 39 40 40 七 10 10 15 22 22 24 27 29 32 33 八 4 九 19

33 34 34 34 40 十 4 6 一續 4 7 27 50 二續 18 19 22 55

必答訥　咱每的　三 24 30 30 30 30 四 12

必答訥埃　咱的每　三 32

必答訥埃　咱的　六 10 11 七 23

必答訥埃　咱每的　五 17

必答納察　咱處　六 35

必答納　咱的行　八 30

必答納　咱行　一續 5

必答納察　咱每行　二續 45

必答納察　咱行　二續 54

必答納　咱每行　二續 45

必答突舌兒　咱每行　三 31

必答泥　咱行　五 5 5 六 29 七 21 二續 2 40

必答泥　咱每行　五 39

必丹	咱	七 23
必丹	咱每	七 27
必丹途兒	咱行	二 23
必丹突[舌]兒	咱行	五 5 六 16 八 21 36 九 34 42 46 一續 5 二續 37
必答	俺	四 8 九 43
必答訥	俺的	四 8 八 9 46 九 32 二續 34
必答訥	俺每的	二續 32
必答訥埃	俺的	六 9
必答納	俺行	八 9 9 9 二續 46 49
必答納察	俺行	十 6 7
必答納察	俺處	二續 40
必答泥	俺行	五 31 43 46 八 10 九 46 十 5 一續 37
必丹突[舌]兒	俺每行	五 39
必丹突兒	俺行	八 9 九 27 32 33 34
必丹突[舌]兒	俺行	一續 43 二續 44

必丹魯阿	俺一同	十 6 二續 40
巴	俺	一 44 44 45 45 45 二 8 三 1 37 37 37 43 43 43 43 四 1 1 20 48 五 6 6 6 41 六 8 46 八 19 九 28 一續 8 8 9 9 29 29 42 45 47 47 二續 3 30
馬訥	俺的	一 45 45 二 4 三 43 44 44 四 20 六 21 七 47 一續 5 42
馬納兀	俺行呵	五 43
馬納	俺行	九 11 一續 21
馬訥埃	俺的	九 15
馬泥	俺行	二 20 九 15 一續 47
鑾途兒	俺行	一 19
斡額(舌)里顏	自	四 36
斡額(舌)里顏	自己	五 38 39 一續 18 二續 15 57
斡額(舌)里顏	自的行	七 28
斡額(舌)里顏	自己行	八 32
斡額(舌)侖	自己	一 16 六 52 八 32 45 九 7 25 29 43 十 24 24 二續 18

斡額(舌)侖　自的　四26　九7

斡額(舌)侖　自　一續40

斡額兒　自家　二24

斡額(舌)兒(舌)禿(舌)里顏　自己裏行　四6　九41

斡額(舌)兒都(舌)里顏　自己行　五10

斡額(舌)兒　自　一續13

斡額(舌)兒都(舌)里顏　自己裏自的行　二續15

斡額孫　自己　一33　33　二29　四40　45　五12　23　43　六27　七1　32　八35　九25　十18　29　34　35　一續41

斡額孫　自己的　五10

斡額(舌)列徹　自己裏　五25

斡額的顏　自每　五46

斡額速惕　自每　九25

斡額速惕　自己每　二續46

赤　你　一9　21　22　35　35　35　38　49　二2　2　2　2　2　3　19　23　23　28　29　30　32

13 17 23 26 27 27 27 28 34 37 40 40 41 41 41 44 48 48 50 六3 3
12 12 13 13 16 19 20 21 22 23 27 36 36 36 40 45 45 48 52 七1 1
6 6 6 6 7 7 7 9 9 9 11 21 36 43 45 八2 2 2 3 6 6
12 21 21 21 22 22 36 43 45 46 九6 14 14 15 15 16 28 32 33 33 33
47 十11 16 17 24 28 29 29 31 33 33 38 38 39 39 40 41 43 續5 9
15 17 18 21 25 25 38 40 50 51 二續5 14 32 32 34

亦馬宜　將他　二47

亦馬宜　教他　四50

亦馬宜　他行　五10 八14 二續12

亦馬阿(舌)里　因他行　五42

亦馬阿(舌)里　他行　五44

亦馬答　他行　七1 九2 一續18

帖兀訥埃　他的　一11 26

帖兀訥　他的　六5

帖迭泥　他每行　一21 八6 一續30

門	只他	七 11
木惕	他每	二 46 四 10 18 19 19 35 35 五 6 45 46 六 5 20 51 七 16 42 八 5
木惕阿訥	他每	四 35
安都舌兒	他每行	五 39 一續 35
客訥	誰的	一 12 五 36 49 八 12 二續 23 23 31
客訥埃	誰的	一 18
客訥延	誰的自的	一續 42
客捏	任誰	一 14 14
客捏	誰行	二 9 12 三 18 19 四 24 十 37 37 一續 21 21
客捏	任誰行	五 43 六 37 38 七 4
客惕別兒	任誰	一續 21
客捏徹	誰行	八 28 28
客惕	誰每	六 3 5 七 34
客惕備	誰每有	四 34
客泥	誰行	一續 21 二續 32

		42 49 49 50
額迭	這的	二續 47
額迭	這裏	一 15 19
額迭	這的每	三 12 41 五 5 七 33 42 八 41
額迭	這每	五 25 九 1 1 28
額迭泥	這的每行	二 3
額迭赤	這的每	五 31 六 29
額迭額舌兒	這每	五 42 八 21
額迭額舌兒	這	六 42 七 13
額因	這般	二 2 4 12 48 四 7 9 18 42 五 15 15 六 41 七 7 23 36 42 八 9 12 42 十 36 37 一續 6 21 35 45 46 二續 30
額因	自這般	三 44
額因	這	十 6
額亦木	這般	二 18 24 四 41 二續 5
額亦木宜	這般行	四 41

音譯	旁譯	出處
額你迭	這	二 30
額你迭	這裏	二 30 三 9 16 20 35 四 46 七 27
額你迭扯	自這裏	三 8 9
額你迭徹	自這裏	五 6 六 48 七 14 十 34 35 二續 20 50 50 54
額你迭徹	這處	九 30
額你迭扯	這裏	三 2
亦納黑石	以這廂	十 15
帖迭	那	一 5 17 18 18 18 19 22 23 35 二 32 46 46 48 48 49 三 15 四 21 46 47 49 五 17 六 3 十 27
帖迭	那的每	一 4 48 二 4 四 48 六 3 3 43 七 26 33 33 33 33 34 34 34 34 34 34 34 35 35 35 35 35 35 十 36 二續 2 2 18 18
帖迭	那每	一 24 24 五 40 六 17 七 11 11 12 二續 30
帖迭	那裏	六 17 二續 16
帖迭	那的	一 4 7 27 28 28 29 29 31 二 30
帖迭泥	那的每行	五 5 5

帖(舌)列	自那	一續8
帖(舌)列	那箇	一23 24 26 31 32 五10 六52 八44
帖亦木	那般	一6 四51 一續24
帖亦木	那般有	五37 十7 31 二續24
帖亦木	那般有的	十44
帖亦模	那般	一18 18 18 三26
帖亦模	那般有	一38 40 二38 三27 四26 八10
帖亦門	那般	四26 二續6
帖亦門	那般每	八13
帖堆	那般	一7 二13 15 16 三21
帖堆	只那般	二46
帖堆	般	一40
帖堆	那些	二25 50 50 三1 19 19 23 41 四10 16 49 五20 25 六2 七1 4 7 21 45 八24 十40 40
帖堆	那遍	一續41 二續20 25

帖里　那事　十 44

帖里　那箇　一續 36 36 二續 5 35

田迭　那裏　一 6 12 13 15 15 35 40 40 40 二 4 27 36 三 1 16 17 26 48 四 4 5 6 6 13 14 14 15 16 20 27 31 38 38 46 五 1 5 9 12 13 14 15 18 20 21 22 22 23 25 28 28 29 30 31 32 33 34 38 45 46 六 3 3 9 15 16 19 20 24 25 29 30 30 31 42 43 43 46 49 49 七 5 9 10 14 18 18 18 18 18 19 22 23 23 33 33 44 46 八 1 1 2 3 4 4 9 9 12 12 22 22 24 24 24 33 35 39 九 13 14 23 27 27 28 十 20 27 31 43 43 一續 1 1 5 16 17 18 20 23 35 36 39 43 44 51 52 二續 2 3 4 9 10 10 21 26

田迭　那　七 9

田迭　那的每　七 34

田迭扯　那裏自　一 21 22 二 41 45

田迭扯　那裏　二 36

田迭扯　自那裏　三 10 11 16 42

赤納都	那廂	續二 17
兀圖	只那般	七 19
阿里	那箇	八 37 續一 47 續二 24
那闊	那箇	九 14
篾圖	般	一 13 14 14 14 19 二 8 11 11 11 11 11 11 11 11 12 12 12 12 18 39 39 三 1 五 4 4 16 34 36 六 13 17 30 34 七 3 29 33 35 36 36 八 10 10 31 44 47 十 3 12 12 24 24 36 36 37 37 續一 21 21 21 21 27 27 30 46 46 續二 23 23 32 34 35 35
篾圖思	般每	六 3
篾圖思	般的每	六 5
篾圖突舌兒	般裏	六 16 16
篾都昔	般每行	三 21 21
篾圖昔	般每行	八 9
篾禿昔	般每行	九 32
篾禿思	般每	十 36

元祕史音譯類纂一七　雜名類

札舌兒里黑　聖旨

四 43 50 五 20 21 23 25 26 六 52 52 53 53 七 1 2 3 3 3 7 20 21 24 31 八 1 4 4 6 6 9 9 11 13 14 22 24 25 27 27 29 30 31 33 34 38 40 41 42 42 47 九 2 4 4 6 7 9 9 10 17 20 21 22 22 24 25 26 26 31 31 32 32 34 34 34 35 36 36 37 39 40 40 40 41 42 42 43 43 44 45 45 45 47 49 十 3 6 7 8 10 11 16 19 21 22 26 28 一續 17 21 21 23 28 30 32 32 33 33 42 47 50 二續 6 7 7 8 10 10 10 11 12 16 16 17 22 22 26 28 30 33 36 37 37 37 38 38 39 40 42 43 43 43 45 45 45 46 52 54

札舌兒里渾中　聖旨的

九 43 二續 44 45

札舌兒里吉牙舌兒　聖旨依着

二續 14 37 53

札舌兒里黑吉牙　聖旨依着

九 36

札舌兒里黑圖舌兒　聖旨裏

二續 34

必赤克　文書

八 31 31

牙兀客邊	甚麼物等自行	六 1
孛多答	物行	五 22
斡(舌)魯格孫	刺	八 18
奄出	梯己	四 22 26 六 39 七 1 九 6 33 33 十 3 二續 14
奄出連	梯己	十 3
(中)忽必	分子	一 15 八 30 31 31 九 33 33 十 23 一續 44
忽必客失(克)	分子	九 33
(中)忽必亦牙(舌)兒	分子依着	八 29
客石格徹	分子内	二 2
阿民	性命	一 35 35 35 三 27 四 43 43 43 五 3 4 4 4 六 52 七 3 31 八 22 九 14 15 十 7 二續 11 14
阿民	命	九 17
阿民都(舌)里顔	性命自的行	四 28
阿民你顔	性命自的行	四 43
阿民突(舌)兒	性命行	八 21

古出	力	九 31
古出舌兒格古泥	氣力逞每行	三 46
古出帖泥	氣力有的行	四 25
古出帖耶	氣力有的	二續 17
古出帖耶	氣力有的行	一續 4
古出禿	氣力有的	七 28
古出禿因	氣力有的	九 1
古出禿宜	氣力有的行	一續 28
古出揑	氣力行	一續 6 二續 7
古出額舌兒	氣力依着	二續 18
古純突舌兒	氣力裏	九 31 二續 28
古純	氣力	一續 29
奥中合	氣	九 31
阿兀中合	氣力	八 9
阿兀舌兒壇	氣有的	四 25

揑舌列亦都克先	名提了的	一續 32
揑舌列亦都由者	名喚也者	一 35
揑舌列亦都舌侖	名分時	八 25
揑舌列亦惕抽	題名着	一 39
揑舌列亦惕抽	被題着	三 22
揑舌列亦都克先	提名來的	八 27
揑舌列都克薛惕	提名了的	八 27
揑舌列禿	名字有的	一 23 25 25 27 28 29 二 30 33 41 三 23 32 四 23 24 24 24 24 50 五 28 七 13 14 十 33 35 一續 6 10 18 40
揑舌列台	名字有的	一 27 41 46 二 23 四 46 五 22 一續 6 8
揑舌列台	名的	一 4 5 5
揑舌列台	名字的	二 37 五 25
揑舌列壇	名字等	一 28
揑舌列田	名的	一 7
揑舌列田	名字每	一 10 28

捏舌列田	名有的每	一續 50
札牙安	命	一 46 一續 4
札牙安	氣運	七 29
札牙阿舌兒	命裏	七 47
札牙阿禿	命有的	一 1 三 18 八 19 二續 57
札牙禿	命有的	三 18
啜可列埃	絶望	二 37
乞卜	意	二續 23
都舌剌阿舌兒	意	六 52
都舌剌阿舌兒	意依着	一續 40
格揑惕	不意	六 2 48 50 十 20 一續 3
格揑惕格周	使不意	一續 3
格舌里耶昔顔	遺念自的行	八 47
格舌里額思	遺念	十 3 24
額舌兒點	技能	七 10

額舌兒點禿	技能有的	十30 30 30
額舌兒迭木惕田	技能每有	四25
額舌兒迭木田	技能有的每	七19 八19 九32
額舌兒迭米額舌兒	技能教	一續22
額舌兒迭門	技能的	一續28
額舌兒迭迷耶舌兒	技能依着	二續19
阿兒中合禿因	才有的	二18
阿兒中合丹	使智量	四28
阿舌兒中合剌周	使見識着	十40
別連	見	五50
別連	見成	八18
別連突舌兒	見成裏	二續19 47
孛連	見在	四47
抹舌兒	職分	二續37
抹舌兒都舌里顏	職分自的行	七21 二續37

約速阿舌兒	理依着	五11 六27 九33 46 一續37 二續17 37 37 44 45
約速阿舌兒	道理依着	五36 七21 八9 九43
約速塔泥	理有的每行	八30 30
約速壇	理有的每	九43 43
約速壇	道理有的每	十44
約速秃	理有的	二續45 45
脱舌劣	道理	八46
脱舌劣	理	九19
脱舌列	道理	八46 47
脱舌劣宜	道理行	三39 九28
脱舌劣迭徹	道理行	六33
脱舌劣	體例	一續51
朶舌劣	道理	二續57
朶舌劣	體例	一續50
中合兀里巴舌兒	體例依着	九46

渾討兀	禍	三 18 19
土撒昔	恩每行	四 43
土撒因	恩的	六 25 53 七 1 2 九 20
土撒	恩	四 47 七 3 3 八 15 15 28 28 33 34 43 44 45 九 6 16 17 21 23
土撒	濟	二 33 34 34 四 15 七 16 八 18
土撒塔納	恩有的行	八 27
土撒孫	恩每的	八 29
土撒孫	恩每	八 46
土撒宜	濟的行	四 15
土撒宜	恩行	八 34
土撒撒亦	濟好	三 4
土撒乞克先	恩做了的	八 47
秃撒	恩	九 11
哈赤	恩	二 7 五 34
阿不舌里	德行	五 36

安答赤	契合您	八 22
安答赤闌勒都罷	契合共做了	三 26
孛勒札安	约會	三 3 4
孛勒札勒都牙	约會咱	三 8
孛勒札勒都牙	相约着	六 46
孛勒札勒突舌兒	約會裏	三 12
孛勒札勒	約會	三 9 六 48
孛勒札勒	約會的	三 11 12
孛勒札勒都周	约會了着	六 46
孛勒札侖	约會的	三 12
孛惕札周	约會着	五 45
斡亦速剌勒都梅	陰害有	十 36
斡亦速剌黑答阿	被陰害了	一 49
斡亦速剌惕中渾	陰害的	十 37
斡亦速列都克薛	陰害了的自	

哈赤舌闌	報	三17
哈赤	還報	六25 25 九17
哈赤顔	讐自的行	二49
哈赤顔	讐	三5
哈赤中剌渾	報的	三4
哈赤禿	讐報	三22
哈赤顔	讐自的	三4
哈赤	回報	九11
哈赤班	回報自的行	九11
阿不舌中剌渾	報得	二8
阿不舌中剌忽訥	報的	二12
阿不舌剌罷	報了	二49
阿不舌闌	報	一33 二9 48 三5
阿不埃	報了	續二11
乞撒勒乞三	寃報	九12

乞撒勒乞三	仇報	續一 20
乞撒勒乞散	讐報	一 40
乞散勒乞撒周	仇報着	五 19
乞失田	寃有的每	九 12
客格速邊	寃讐	一 48
額舌列兀突舌兒	罪裏	九 6 24
額舌列兀列周	罪着	九 34
額舌列兀舌列周	罪着	續一 40
額舌列兀列牙	罪咱	九 45
額舌列兀列耶	罪咱	續二 44 45 46
阿勒答勒壇	罪有的	續二 45
者舌兒格連	列	一 11
者舌兒格連	列着	八 46
者舌兒格迭扯	班列裏	三 12
者兒格列克先	列了的	九 9

者舌兒格迭徹	次序行	一續 32
者舌兒格額舌兒	依次	五 12
者舌兒格突舌兒	次序裏	八 46
者舌兒格突舌兒	列位裏	五 24
者舌兒格額舌兒	列着	五 29
點	次序	六 3
迭列該	天下	八 18
別勒格	符驗	九 47
別勒格	效驗	八 37
別勒格	記號	二 22 22
別勒格	定禮	一 47
失惕坤勒	上見公姑的禮	二 39
額木思格克	上見	二 39
中忽卜赤舌里	科斂	五 12 14 六 27
中忽卜赤周	科斂着	九 33 33 33 34 一續 9

元祕史音譯類纂一八　戰爭類

者别列古	戰的	四 49 50
者别列耶	戰咱	四 50
斡魯木列克薛訥	鏖戰的	八 45
汪刺只惕中渾	刺	三 46
中合惕中忽主兀	刺了	二 3
中合納周	刺着	五 11 14 六 26
中合惕中忽周	刺着	六 8 34
中合惕中忽中忽牙	刺的行	七 36 36
中合惕中忽黑答阿速	被刺呵	七 26
中合惕中忽罷	刺了	二續 24
中合惕中忽周	插着	四 1
中合惕中忽黑答罷	被搠了	六 21

帖篾纏	爭	七42 一續12
帖篾扯勒都額速	相爭呵	九14
帖篾扯勒都惕坤	相爭您	十39
阿牙	征進	一續9
阿牙闌	征進	一續46
阿牙剌兀魯舌侖	教出征時	八10
阿牙剌兀魯木	教征進有	二續17
阿牙剌兀勒罷	教征進了	一續48 49 49 二續15 28
阿牙剌兀勒中忽	教出征的	二續17
阿牙剌兀勒中灰	教征進的	二續18
阿牙剌兀勒禿中孩	教征進者	二續16 17 17
阿牙剌黑三	征進的	二續15 16 28
阿牙剌黑撒惕	征進了的每	二續16 27
阿牙剌中灰	征進	一續9
阿牙剌舌侖	征進時	一續37

阿牙剌速(中)孩	征進咱	一續	47
阿牙剌(中)忽泥	征進的每行	二續	16
阿牙剌周	征進着	二續	12 34 55
阿牙剌阿速	征進呵	二續	17
阿顏突(舌)兒	出征裏	九	12
阿顏突(舌)兒	征進裏	一續	9
阿顏	征進	二續	28
察兀(舌)闌	征進	一續	20
察兀兒	征	一續	20
察兀(舌)兒	征進	一續	32
察兀(舌)剌兀(勒)罷	教出征了	八	10 24
察兀(舌)剌周	出征着	十	11
察兀(舌)剌兀(勒)罷	出征了	十	10
察兀(舌)剌周	征進着	一續	32
哈兀魯(舌)侖	征時	五	37

哈兀魯牙	征咱	五 37
揑客周	追趕着	一 36
揑客周	襲着	二 32 四 3 20 五 32 六 2 11 29
揑客速	襲去	二 28 28 28
揑客罷	追襲了	四 37 37
揑客周	追襲着	五 28 八 2 35 35 十 11 一續 1 52
揑客兀侖	教追襲	八 6 10 一續 39
揑客兀侖	追襲着	八 24
揑虔	追襲	十 11
揑客耶	追襲咱	一續 1
答舌魯察周	緊逐着	七 24
忽勒迭周	逐着	二 14 一續 39
忽勒迭周	追着	五 27 28
忽勒迭勒都周	相逐着	七 22
忽勒迭克迭周	被追着	五 28

忽勒迭額惕	追着	五 28
忽勒迭周	趕着	一 36 二 29 30 30 五 10 六 25 七 32 33 33 33 33 35 八 36
忽勒迭周	趕了着	六 28 28
忽勒迭額惕	趕了	六 2 七 24 32
忽勒迭額惕	直趕	七 32
忽勒答額惕	趕了	七 32
中忽勒迭罷	趕了	六 40
癸邏躔者	趕	續一 9
癸邏扯克迭舌侖	被趕上時	七 43
癸邏扯周	趕上着	五 2 2 六 48 九 13 15 十 11 11
古邏扯周	趕上着	五 28
古亦扯周	趕上着	四 20
古亦扯古	趕上麽	八 7
亦都舌列周	趕到着	四 42
亦都舌列周	趕上着	四 48

蹉兀周	趕着	六	44
只兀周	趕着	七	35
格鄰	趕	二	11
中豁兒中豁巴速	趕入呵	二	23
恢亦徹周	趕上着	二	32 32
額魯思速該	趕上	四	42
討温	趕	續一	10
答温	（追）	十	29
撚顛	掩襲	六	50
撚迭額速	掩襲呵	十	28
撚迭周	潛謀着	八	13
撚迭額速	攙先呵	五	40
格只格	後援	六	4 4 4 4 5 5 5 續一 37 37 續二 15 16 17 27 28
格只格列兀里	後援行	續二	43
亦出中合罷	退了	二	4

亦純	退	續二 29
薛古兀侖	卷退	七 27
札亦剌	趓了	十 40
札亦剌兀魯黑三	教躱了的	四 47
札亦剌周	躱着	九 46 續二 37
札亦闌	躱	三 10
齋亦剌速	躱我	五 23
齋亦剌周	躱着	五 23
中豁舌兒罷	躱了	四 4
中豁舌兒中合罷	教躱了	四 4
中豁舌兒中豁周	教躱着	八 22
豁舌兒中忽周	逃着	五 14
中豁舌魯舌剌	躱避	七 16
奔勒只阿速	躱闪呵	二 48
奔勒只温勒答罷	被躱闪過了	二 50

中合勒塔舌鄰勒	避	七 26
答勒答舌里黑撒你顏	躲避的自的行	一續 29
答勒答惕抽	隐着	二 9 9
不舌魯兀惕出為	躲了	三 14
不舌魯兀惕抽	躲着	一續 24
不舌魯兀亦闌	躲避着	七 43
不舌魯兀敦	躲着	二 50 一續 13
不舌魯兀惕中罕	逃避	二 14
不舌魯兀惕抽	逃躲着	五 11 14 15 25 六 24 24
不舌魯兀惕罷	逃走了	十 31
不舌魯惕中灰魯阿	躲了呵	一 35
不舌魯為闌	躲	六 14
不舌魯委闌	逃	八 3
不舌雷闌	躲着	六 1
不勒躂舌里周	躲避着	九 34

不塔(舌)剌(黑)答周	潰散着	四 37
不塔(舌)剌主為	潰散了	四 36
不答(舌)剌主為	潰散了	四 45
不塔(舌)剌(黑)三	漫散了的	二 40 三 1
不塔(舌)剌(黑)三	潰散了的	五 9 八 46
不塔(舌)剌(中)渾	潰散了	續一 5
不塔(舌)剌周	散着	一 19
不桑(中)灰	潰散的	八 45
不桑(中)合(黑)答罷	被潰散了	八 44
不散(中)合周	教毀亂着	三 23
不(舌)剌塔(舌)剌	漫散	九 8 22
都塔安	逃	三 14
都塔阿主兀	逃走了	三 19
孔牵	逃出	四 45
土躂阿周	逃走着	七 45

都塔阿周	逃着	八 36
禿塔阿罷	逃了	續一 39
哈兀勒周	奔着	一 22 三 43 四 34
好温勒周	奔着	一 34
好兀勒周	勦捕着	九 25
哈兀勒周	破着	五 13
哈兀勒中合黑荅阿速	教奔呵	六 36
哈兀魯阿速	奔呵	七 3
哈兀魯惕中渾	勦捕您	續一 18
哈兀魯舌侖	奔時	續二 48
哈兀勒中渾	奔的每	續二 49
哈兀勒中合梅	教奔有	續二 49
哈兀勒中合罷	教奔去了	一 22
哈兀勒中合阿速	教(奔)呵	續二 49
哈兀勒中合惕中渾	教走馬您	八 8

哈兀勒中灰	走的	續二 55
哈兀侖	走馬	八 8
朵禿勒周	走馬着	二 30
中合塔舌剌周	點着	一 20 二 44 四 46
中合答舌剌周	點着	一 20 二 46
中合塔舌剌温勒周	點着	一 44
中合塔舌剌兀勒周	教點着	三 43
中合塔舌剌罷	點着去了	二 46
中合塔舌剌主為	點着有來	七 6
中合塔舌剌主兀	點了有	七 7
中合塔舌剌罷	點去了	七 30
不古惕客周	點視着	九 41
不古惕格額速	點視呵	六 11
不古惕刊	點視	續二 44
把亦勒都周	對陣着	四 35

把因勒都周	對陣着	四 49
擺亦勒都周	對戰着	四 4 一續 12
擺亦勒都中忽	對陣	五 34 六 30
擺亦勒敦	對陣	五 28 八 3 44
擺亦勒都中灰突舌兒	對陣時	六 28
擺亦勒都周	對陣着	五 17 七 45 一續 38
擺亦勒都阿速	對陣呵	八 2
擺亦都	陣	七 32
脱宜	陣勢	六 3
中合惕中忽勒都阿	斷殺	七 32 二續 4
中合惕中忽勒都中灰突舌兒	斷殺的時	八 15
中合惕中忽勒都中灰突舌兒	斷殺時	八 43 九 16 21
中合惕中忽勒都中灰	斷殺的	三 43 六 42
中合惕中忽勒都阿訥	斷殺的	六 42
中合惕中忽勒都阿速	斷殺呵	七 24

中合惕中忽勒都速	斷殺俺	六 8
中合惕中忽勒都速	斷殺我	六 7 二續 4
中合惕中忽勒都安	斷殺的	七 19 八 46 九 2 39
中合惕中忽勒都安突舌兒	斷殺時	九 20
中合惕中忽勒都牙	斷殺咱	四 34 五 29 29 31 六 11 14 29 七 31 32 二續 4
中合惕中忽勒都黑赤	斷殺的	五 29
中合惕中忽勒都黑三	斷殺了的	六 10 17
中合惕中忽勒都周	斷殺着	一 40 五 9 18 六 27 八 22 二續 5
中合惕中忽勒都中忽	要斷殺	五 29
中合惕中忽勒都中忽	斷殺的	九 21
中合惕中忽勒都中渾	斷殺的	六 3 5 14
中合惕中忽勒都舌剌	斷殺	五 9
中合惕中忽勒都梅	斷殺有	六 3
中合惕中忽勒都惕	斷殺	六 15 20
中合惕中忽勒都禿中孩	教斷殺者	七 19

中合惕中忽勒敦	斷殺	六 4 6
中合惕中忽勒都中灰因	斷殺的	五 17
中合惕中忽敦	斷殺	三 8
中合惕中渾勒都牙	斷殺咱	四 37
中合惕中渾勒都罷	斷殺了	四 37
中合惕渾勒都黑三	斷殺的	四 38
中合惕中渾勒都周	斷殺着	四 37
中合惕中渾勒都安突舌兒	斷殺的陣裏	四 38
不勒中合	斷殺	一續 9
不勒中合勒都舌侖	斷殺時	六 51
不勒中合勒都黑赤	斷殺的	六 51
不勒中合勒都剌阿	斷殺來	六 51
不勒中合勒都中灰突舌兒	斷殺時	一續 9 24
不勒中合勒敦者	斷殺	一續 9
不勒中合黑答舌侖	被斷殺時	六 51

不勒中合罷	斷殺了	十 11
不勒中合突舌兒	斷殺裏	一續 9
孛勒中合	斷殺	一續 32
孛勒中合周	斷殺着	一續 32
把舌剌周	殺了着	五 20
阿剌黑撒你顏	殺了的自的行	四 50 50
阿剌黑撒阿舌兒	殺了的依着	七 3 九 25
阿剌黑三	殺了的	四 15 一續 28
阿剌黑赤	好殺的	六 24
阿剌主為	殺了有來	四 46 九 14
阿剌主為	殺了	四 15 18
阿剌主為	殺了有	十 18 18
阿剌主兀	殺了來	七 5
阿剌中忽	殺	五 3
阿剌中忽古	殺了也	五 3

阿剌黑答中忽古	被殺	五 3
阿剌黑答周	被殺着	七 42 一續 20
阿剌黑答魯阿	被殺了來	九 21
阿闌	殺	四 46 五 3 3
乞都牙	盡殺	五 20
乞都牙	殺咱	五 19
乞都中灰突舌兒	盡殺時	五 20
乞都中灰突舌兒	夷滅時	九 12
乞都阿赤	好殺的	六 41
乞都阿惕	殺了	一續 38 二續 20
乞都罷	盡殺了	五 1
乞都罷	殺了	一續 13
乞都中忽泥	盡殺行	八 4
乞都兀勒周	盡殺着	八 4
乞都周	殺着	一續 2 13 二續 6 27

乞都周	盡絶着	五	19
乞都主為	殺了有	一續	4
乞敦	盡絶	五	20
額赤惕刊	教絶	二續	12
額赤惕格牙	滅咱	十	23
額出勒帖列	盡絶了	三	6
額出勒帖列	盡絶直到	三	13
兀里惕刊	盡絶	九	12
兀里惕格罷	殄絶了	三	21
兀里惕帖列	盡絶	五	19
兀里惕帖列	直盡絶	二續	7
兀里惕客罷	教毀滅了	四	26
兀魯惕刊	盡絶	五	20
兀魯惕刊	殘滅	八	45
兀魯惕帖列	直盡絶	二續	27

兀魯惕客周	殘滅着	三	5
答兀思中罕	教盡	三	5
答兀思中忽	盡的	八	37
答兀思塔剌	盡了直到	八	37
忽魯惕帖列	盡絶	八	5
哈兀塔剌	直至盡絶	二續	32
中豁乞舌剌塔剌	罄絶	三	14
雪那額古	滅的	十	24
雪額罷	絶了	一續	39
木中忽惕中合周	教絶着	五	18
木中忽惕中合周	教絶着	五	19
不舌連勒帖列	滅絶	一續	4
不舌連勒格禿坤	毀了您	二	10
不舌列勒帖列	直至毀滅	三	2
好兀魯牙	毀了咱	三	6

好兀魯牙	毀滅咱	三 6
忽塔舌魯阿速	毀了呵	一續 33
塔木塔剌	直至盡無	二續 32
薛舌兒古額周	消解着	六 40
只卜禿舌剌主為	消滅了有	十 45
格思格額速	消呵	一續 25
不勒中合	反	六 20 八 22 十 21 一續 18 24 24 二續 30
歹亦真	反着	六 30
不勒中合突舌兒	反亂裏	九 8
奔勒中合	反	五 9 11
抹可舌里兀勒罷	斬了	五 26
抹可舌里兀勒迭古訥兀	被斬了麽	五 6
抹可舌里兀勒迭坤	斬了	五 6
抹可舌里兀勒迭坤	被斬	五 7

抹可舌里兀魯牙	斬了者咱	五 17
抹闊舌里兀魯惕坤	處斬您	八 9 13
抹闊舌里兀勒周	斬了着	八 14
抹闊舌里兀魯者	處斬也者	九 43
抹闊舌里兀勒坤	合處斬的	九 43
抹闊舌里兀魯牙	斬咱	一續 40
抹闊舌里兀侖	斬	一續 40
抹闊舌里兀魯惕	斬	二續 45
抹闊舌里兀勒迭古	可斬的	二續 32
察卜赤周	斩着	七 8
察卜赤黑三	砍了的	一 31
察卜赤黑答周	被砍着	四 9
察卜赤罷	砍了	四 19
察不赤主兀	砍了	四 9
察卜赤剌勒都周	共砍着	四 31

察(卜)赤周	砍着	六49 九47
察(卜)赤兀(勒)周	斫着	十19
察(卜)赤(勒)都速	共砍	續一29 29
(中)合兒鏷周	射着	一16
(中)合兒鏷刺(勒)都周	相射着	二13
(中)合兒鏷闌(勒)都速	斷射	二32
(中)合兒必牙(勒)敦	射箭	三26
(中)合(舌)兒⿰骨菐周	射着	四3 十30
(中)合(舌)兒鏷刺阿	射來	四49 49
(中)合(舌)兒鏷(黑)撒訥	射了的	四50 八43
(中)合(黑)答周	被射着	五34 六9 12 16 30
(中)合(舌)兒鏷由	射有	七38 38 38 38
(中)合(舌)兒鏷主兀	射了	六49
(中)合(舌)兒鏷阿速	射呵	七38 38
(中)合(舌)兒鏷察周	相射着	八6

中合兒鏷古出	射箭氣力	十 30
兀出馬阿兒	射名教	六 16
禿思答周	被射着	八 2
土思答周	被射着	六 13
斡帖兒篾列周	近垜子般射着	二 10
中豁多里惕中忽	教鏷頭射	三 21
合兒不闌都速	厮射	二 32
中合兒不闌勒都罷	厮射了	二 32
桓赤壇	能發箭的	四 25
桓禿察周	賽遠射着	續一 23
倒兀里罷	虜了	七 45 八 44
倒兀里罷	擄了	五 18 十 20
倒兀里罷	擄掠了	四 19
倒兀里周	虜着	續二 12 26 27 29
倒兀里周	擄着	一 23 40 五 1 13 13 27 32 32 六 28 29 七 4

倒兀里阿惕	搶了	四 36
倒兀里中灰突兒舌	擄時	六 36
倒兀里主為	擄了	一續 38
倒兀里黑答侖舌	被擄時	五 25
倒兀里黑答侖舌	被虜時	二續 21 22
倒兀里黑答周	被擄着	五 33
倒兀里黑答罷	被擄了	五 33
倒兀鄰塔闌	擄掠着	三 15
倒兀思抽	盡了着	七 21
倒里黑答侖舌	被虜時	七 45
倒里黑答罷	被擄了	六 30
倒里周	擄着	三 1
倒里周	虜着	八 1
倒里周	擄掠着	一續 39
倒里罷	擄了	三 13 14

倒里阿惕	擄掠了	一續52
倒鄰巴舌剌周	擄了着	五19 24
擣兀里黑答黑三	被虜的	一48
答兀里周	擄掠着	四16
塔剌兀勒罷	虜了	七1 二續7
塔剌兀勒罷	教虜了	七2 八4
塔剌兀勒罷	教擄了	二續5
塔剌兀勒罷者	教虜了也者	七4
塔剌罷	虜了	八45 二續27
塔剌中灰突舌兒	搶時	四17
哈兀勒周	擄着	一續37 40
哈兀勒答阿	被擄掠了	一續38
哈兀魯牙	盡擄咱每	一21 22
阿舌兒必剌罷	擄要了	三23
阿舌兒必剌周	擄着	三24 27 六38

阿(舌)兒必刺周	擄掠着	三 28
不(舌)里周	奪着	二 7 8 9 48 三 17 四 10 五 2 2 一續 2 4
不里罷	奪了	二 9
額(舌)魯孫	奪	六 16
阿把勒都(舌)侖	相搏	四 8
阿巴勒都兀魯牙	教廝搏咱	四 26
阿巴勒都兀勒罷	教廝搏了	四 27
阿把勒都周	相搏着	一續 23
巴(舌)鄰勒都灰(中)突(舌)兒	相搏時	十 39
巴(舌)鄰勒都罷	相搏了	十 38
札撒黑	法度	七 10 24 47 八 9 九 43 一續 40 二續 45
札撒黑	軍法	五 17 18
札撒黑刺周	法度做着	二 17 八 9
札撒黑壇	法度有的	二 6
札撒勒	法度	七 29

塔塔周	縛着	續一 7
阿卜答中忽	被捉	五 34
斡抹中渾	相鬭	二 6
奔勒中合勒敦	相鬭	二 13
梭斡舌兒圖舌兒	引鬭裏	五 32
莎斡舌兒	引鬭	六 12
莎斡舌兒圖舌兒	引鬭裏	六 30
莎斡舌兒途舌兒	引鬭裏	八 45
速斡舌剌兀侖	引鬭	六 51
中合勒中忽由	鬭的	六 16 16
中合勒中渾	鬭	六 16
不勒中罕	鬭	六 43
格舌列勒都克先	相鬭的	七 38
客舌列勒	鬭	七 27
客舌列周	鬭着	七 27

許列兀	勝	一續 22 23
許列克迭罷	被勝了	八 19 20
中舌合兒答阿速	被勝呵	一續 23
額勒先	投降	六 20 20 43 十 10 14 15
額勒薛惕者	投降也者	六 20
額勒薛克薛惕	投降了的每	十 21
斡舌羅中忽	投的	四 42
斡舌羅中忽	要投降	五 30
斡舌羅兀勒周	教投降着	一續 19
斡舌羅兀勒周	教投入着	一續 42 44
斡舌羅兀魯阿惕	教投降了	一續 19
失禿勒都周	相抗着	四 38 45
失禿勒都周	相抗拒着	四 38 39
失禿額列勒都周	共抗拒着	八 37
失禿額列勒都周	相抗拒着	九 12

額額舌列惕	攻	一續6
額額舌列兀侖	教攻	八1 一續2
額額舌列兀勒罷	教攻了	一續2
額額舌列周	攻着	一續2 3
額額舌列克迭舌侖	被攻時	一續4
額額舌列兀舌侖	教攻	二續21
額額舌列坤	要攻	五20
歌舌魯列勒敦	相攻	一續24
中合撒惕中渾	夾攻您	一續37
迭額兒篾惕抽	劫着	二27
迭額舌兒篾惕帖周	被劫着	八35
迭額舌兒篾都勒扯克 薛訥	共劫了的	八21
迭額舌兒篾都克先	劫了的	八36
迭額舌兒篾敦	劫着	八36

迭額舌兒篾惕帖周	劫擄着	十 18
迭額舌兒篾都舌列	搶劫	四 2
迭額舌兒篾惕抽	搶着	四 2
迭額舌兒篾惕抽	被搶着	四 2
撒乞梅	守有	十 7
撒乞周	守着	二 14 16 四 22 十 7
撒乞勒都周	相守着	四 39
撒乞兀舌魯阿速	教守呵	十 43
撒乞中忽	守的	十 19
撒乞兀魯牙	教守咱	二續 48
撒乞兀勒禿中孩	教守者	二續 48
撒勒阿黑撒惕	守有的每	二續 14
別乞列克迭周	被守禦着	一續 1
答舌魯兀侖	教鎮	八 42 一續 30
迭列惕抽	打着	一 35 36

迭列惕抽	打造着	八	10
迭列惕罷	打了也	三	7 8
迭列都額惕	打了	二	17
迭列都額惕	打了着	二	46
迭列都額惕	打着	七	30
阿失吉刺勒都周	斷打着	四	10
阿失吉罷	打了	四	18
阿失吉主為	打了	四	7
阿失吉周	打着	十	33 33 34 35
阿失吉黑答中灰	被打的	四	7
阿失吉克答周	被打着	四	7
你失禿中孩	打者	八	9
你失惕	打	九	43
你失黑答中渾	合打的每	九	43
你失中忽牙	打的行	十	19

札你赤周	打着	十	36
札你赤主為	打了來	十	27
札你赤黑答阿	被打了	十	27
中忽卜赤周	打着	八	7
答勒巴舌魯	打破	九	47
禿思中忽阿察	要打	十	34
禿思答阿速	被中呵	九	16
失舌兒中合黑三	傷了	八	43
失舌兒中罕	傷着	十	16
失魯舌兒帖周	被傷着	四	38
篾兒	傷	四	9
別舌兒帖帖列	傷	七	28
牙舌剌昔顏	傷痕自的	六	18
牙舌剌禿	傷有的	二	4
牙舌剌禿宜	傷有的行	六	10

中忽克迭舌列周	重發着	六19
中舌豁兒	害	八21 21 九15 15
中舌豁兒	折損	七31
額舌廉迭克詹迭克	殘疾	二7
斡魯克	死	八20
兀窟速	死	六51 七48
兀窟速	死我	五3
兀窟額速	死呵	一15 七16
兀窟額速	死了呵	十17
兀窟別兀	死了	二2 2
兀窟周	死着	四28 六11 八20
兀窟罷	死了	四29
兀窟恢都舌里顏	死自的行	五3
兀窟耶	死咱	五20
兀窟恢因	死的	四7

兀窟古	死的	七 31
兀窟侖舌	死時	一續 13 二續 5
兀窟良額	死的行	一續 22
兀窟坤	死的每	二續 18
兀坤勒都牙	捨死厮殺咱	三 8
兀窟克迭恢	死的	二 15
兀窟兀勒迭額速	教死呵	四 49 六 51
兀窟兀勒迭坤	可教死的	八 30
兀窟兀勒迭古	可教死的	二續 45
兀窟兀勒古	教死	五 4
兀窟兀勒速	教死呵我	五 4
兀窟兀勒坤	教死	五 6
兀窟兀勒恢	教死	五 7
兀窟兀勒罷	教死了	七 11
兀窟兀勒主為	教死了來有	八 3

兀窟兀勒周	教死着	八 15
兀窟兀勒	教死	八 30
兀窟兀魯牙	教死咱	八 21
兀窟兀魯克先	死了的	一續 28
兀窟兀侖	教死	五 4 4 二續 12
兀窟兀里	教死	二續 34
兀窟勒都恢	共捨死的	八 14
兀窟勒都恢	死戰的	八 45
兀窟勒都主為	共死了有	七 43
兀窟克先	死了的	五 3 七 9
兀窟惕古周	昏着	七 42
兀窟兀侖舌	教死	六 52
兀窟速該	死也者	一 15
阿勒答罷	險了	二 25
不黑撒周	拘束着	七 34

失舌兒古額列周	拘着	五 11 14
失舌兒戈列周	拘着	六 26
多卜禿勒中忽	衝的	二 11 11 12
多卜禿勒中罕	衝的	五 17
多卜禿魯黑三	衝的	五 17
多卜禿勒中合牙	教衝咱	六 3 4 4
多卜禿勒中灰突舌兒	衝時	六 12
多卜禿勒周	衝着	六 8 8 8 八 43 續一 2 13
多卜禿勒罷	衝了	六 8 9 9
多卜禿勒都牙	衝咱	六 16
多卜禿勒中忽	衝	六 9 19
多卜禿來者	衝也者	六 4
多卜禿勒都中孩	教衝者	六 4
朶卜禿勒周	衝着	四 49 50

元祕史音譯類纂一九　言語類

兀格　言語　一 9 14 20 21 21 21 21 二 23 三 4 27 30 31 44 四 46 46 五 6 37 37 47 48 49 50 六 15 45 48 七 13 16 16 八 24 30 39 39 47 九 28 十 29 44 一續 6 21 30 二續 2 3 4 4 5 10 11 12 32 34 35 57

兀格　話　一續 35

兀格別兒　言語裏　一 32

兀格宜　言語行　二 1 三 30 五 26 48 48 六 50 51 七 18 24 二續 5 34

兀格圖舌兒　言語裏　二 2 七 37

兀格思　言語每　二 12 12 三 9 10 五 42 42 42 48 50 50 六 1 41 42 42 48 七 27 28 42 48 八 17 17 17 20 九 25 47 一續 30 32 二續 4

兀格因　言語的　三 1

兀格都舌里顏　言語自的行　三 2 四 20 一續 9

兀格昔　言語每行　三 4 5 四 20 五 15

兀格額(舌)兒	言語教	一續28 二續3
兀格思圖(舌)兒	言語每裏	一續47
兀格額(舌)兒	言語依著	一續42 42 二續43
兀格突(舌)兒	言語行	七16 二續5
兀格都(舌)里顏	言語裏自的行	二續3
兀格邊	言語自的行	二續24
兀格思圖(舌)兒	言語裏	二續31
客列赤列周	通話着	九46
客列	話	四31 31 32 32 34 34 34 34 六5 5 7 七26 26 42 八15
客列圖	言語有的	二續38
客列邊	話自的行	四50
客列禿	言語	五43
客列田	言語每有的	九47
客列禿	話有的	五40
客列田	言語有的每	十33 35

25 27 27 29 31 33 34 34 34 35 36 37 39 39 40 43 一續 1 8 15 16 16

20 22 22 23 28 28 29 29 31 32 35 35 二續 2 2 3 4 4 5 17 18 22

24 29 30 30 31 46 51 54

嗚詁列周 說着 一 33 33 三 3 4 4 9 9 16 四 1 五 39 42 43 43 50 六 5 45 48 七 7 13 14 28 28 42 八 37 十 12 一續 9 35 50 二續 12 17 32 50 50

嗚詁列罷 說了 一 21 三 31 六 5 42 一續 29

嗚詁列木 說有 一 21 三 30 30 十 28

嗚詁列由 說有 五 31 二續 31

嗚詁列畢 說了 一 12

嗚詁列恢 說的 五 48

嗚詁列梅 說有 六 6 一續 22 24

嗚詁列速 說我 八 24

嗚詁列坤 說的每 九 25

嗚詁列古 說 一續 31 31 31 32

嗚詁列惕 說 一 13 13

嗚詁列惕	說每	七 13
嗚詁列惕坤	說您	六 45 46 八 22
嗚詁列惕坤	可教說的每	八 21
嗚詁列額速	說呵	一 21 八 13 16 21 28 一續 32
嗚詁列額惕	說了	七 42 八 22
嗚詁列魯額	說來	二續 4 4
嗚詁列列額	說來	三 1 七 10 47
嗚詁列列額	說了來	二續 24
嗚詁列主兀	說了	五 48
嗚詁列主兀	說了有	七 9 八 12
嗚詁列主為	說了有	六 16 48 七 27
嗚詁列克先	說了的	三 4 四 1 20 五 23 48 50 八 20 九 25
嗚詁列克薛泥	說來的	五 50
嗚詁列克薛泥	說了的行	十 44 44
嗚詁列克薛惕	說了的	八 15

嗚詁列克迭周	被説着	五 42 42 六 1 七 28
嗚詁列克迭周	説了着	六 41
嗚詁列克迭古由	被説有	續二 19
嗚詁列克迭坤	説的每	續二 49
嗚詁列克顛	被説	續一 35
嗚詁列勒都舌侖	共説	一 10
嗚詁列勒都舌侖	共説時	五 37
嗚詁列勒都舌論	共説	二 48 五 4 12 17 20 37 七 23
嗚詁列勒都周	共説着	三 12 五 37 八 17
嗚詁列勒都克先	共説了的	五 15 七 7
嗚詁列勒都克薛惕	共説來的每	五 15
嗚詁列勒都魯埃	共説來麽	六 22
嗚詁列勒都列額	共説來	八 17 17
嗚詁列勒都坤	共説	八 20
嗚詁列兀勒周	教説着	七 16 續二 5

8 17 22 23 27 29 29 30 31 31 32 32 二續 2 27 32 36 42 46 57

客額惕　說了　一 37 47 48 49 二 3 9 19 19 21 29 30 35 37 43 三 21 五 16 31 49 六 8 17 40 七 29 32 32 十 35 二續 50

客額惕都罷　共說了　二 19

客額惕坤　說您　十 2 2 一續 28

客額畢　說了　一 14 二 8 42 45 45 45 46 五 22

客額別　說了　一 21 二 33

客額速　說了　一 48

客額速　說呵　二 8 25 28 四 50 五 4 13 25 六 16 20 20 23 七 5 34 八 15 21 22 36 九 28 十 39 40 二續 22 56

客額木　說有　二 23 33 六 4 7 十 28 28 一續 21 22 29 31 31 31 32

客額梅　說有　四 12 五 44 六 4 七 26 十 7 一續 28 47

客額古　說　四 43

客額古　說的　二 11 四 42 六 38 39 41 41 42 七 6 一續 47 二續 35

客額耶　說咱　五 6

客額舌侖	說時	一續22
客額坤	說他的	二續3
客額坤	說每	二續32
客額恢	說的	十7
客額恢魯額	纔說呵	十40
客額恢魯額	恰說呵	一續22
客額恢魯額	纔說間	九13
客額恢突舌兒	說的時	八27
客額勒敦	相說	二46
客額勒敦	共說	四33
客額勒都克先	相說的	二39 39
客額勒都克先	說來的	三1
客額勒都克先	共說了	三26 五9
客額勒都克先	共說來的	五11
客額勒都克先	共說了的	三26 五36 六27 27

客額勒都克薛泥 共說了的 四 31

客額勒都克薛訥 共說了的 六 26

客額勒都列埃 共說來麽 三 12

客額勒都周 共说着 二 20

客額勒都列埃 相說來 三 26

客額勒都列埃 共說來 三 12 四 20 五 16 49

客額勒都列埃 共說了來 六 21

客額勒都恢突兒 共說時 二 19 20

客額勒都恢 共說 五 9 36 37

客額勒都周 相說着 二 6

客額勒都周 共說着 一 22 二 24 24 49 三 27 28 29 四 6 33 五 5 20 45 續二 29

客額勒都罷 共說了 二 19 20 三 23 26 四 31 五 15 20 36 37 47 48 六 5 5 5 七 32

客額勒都額速 共說呵 七 15 23

客額勒都主為 共說了 七 15 23

客額勒都侖舌 共說時 八 17

客額勒都耶	共説咱	一續 29 29
客額主兀	説有	一 42 43 二 1
客額主兀	説着了	二 2
客額主兀	説有來	五 20
客額主兀	説了	七 35 十 34
客額主兀	説了有	八 12 九 28 二續 30
客額主為	説了	五 30 40 41 41 41 44 44 44 48 48 49 49 六 3 4 4 8 七 11 12 12 13 34 34 38 39 39 46 48 八 29 十 8 二續 4
客額主為	説了來	七 6
客額主為	説了有	七 7 39 八 18 二續 30 30
客額勒都額惕	共説了	四 35
客額克顛	被説	三 31
客額克先	説來的	五 50
客額克先	説的	四 49 50
客額克先突舌兒	説來的行	九 1 1

客額克迭恢	被說的	二 2
客額克迭梅	被說有	三 20 五 4 一續 5 二續 18 26
客額克迭梅	被說有	七 11 14 23 23 27
客額克迭周	被說着	四 10 19 20 六 2 24 36 七 10 九 13 21 十 24 27 28 34 二續 3
客額克迭兀者	恐被說	六 37
客額克迭宜	被說	七 7
客額克迭惕	被說的	七 35
客額克迭由	呼的有	二 29
客額克迭由	被說有	七 38 39
客額克迭坤	被說每	九 28
客額克迭古	被稱的	四 26
客額克迭古	被說有麽	十 44
客額克迭額速	被說呵	一續 31
客額克迭額惕	被說了	二續 30
客額克迭魯額	被說來	一續 22

客額克迭魯額　被說了有來　二續 23
客額克迭木　被說有　二續 34 34
客額克敦　說您　十 2 2
客額勒都克先　相說的　二 39
客額列額　說來麼　三 2
客額列額　說來　七 10 八 41
客額列埃　說來麼　六 35
客額列埃　說來　九 28
客額列埃　說來有　二續 35
客額額惕　說了　二 3 10 30 三 19 四 7 12 12 19 20 28 40 五 3 六 52 十 37 40 一續 22 30 31 二續 24 43
客額額速　說呵　九 8 9 22 26 26 一續 47 二續 2 4 22 32 52
客額魯額　說來　八 5 一續 35 二續 3
客額別速　說呵　十 23
客額兀魯惕坤　被說您　六 37

客額兀魯額惕	被说了	十6
客主兀	說了	一8 9 二4
客恢突舌兒	說時	四9
客列列	說	二21 23 一續22 22 29 31 32
客列列舌論	說	五3
客列列克先	說來的	三31
客列列克薛泥	說來的行	三40
客列列克迭周	被說着	十24 一續50
客列列勒敦	說話	六49 49
客列列勒都惕坤	共說話	二續2
客列列勒都禿該	教說者	二續38
客列列周	說着	三1 4 四12 13 七21 26 八21 九48 二續38
客列列都周	說話共着	一22
客列列惕坤	說您	九25 25
客列列兀勒禿該	教說者	九48

阿撒[中]忽阿速	問呵	四34 六5 七48
阿撒兀[舌]剌	教問去	四45
阿撒[黑]巴速	問呵	四46
阿撒[黑]主兀	問了有來	五20
阿撒[黑]出兀	問有來	六3 3 七33 35 35 36
阿撒[黑]罷	問了	六5 七33 37 一續16
阿撒[黑]抽	問着	七47 二續49
阿撒[黑]塔剌	問間	七47
阿撒[黑]答[舌]侖	被問時	七48
阿撒[中]忽[舌]侖	問時	七37
阿撒[中]忽[舌]侖	問	七39
阿撒[中]渾	問	七47 十29
阿撒[黑]禿[中]孩	問者	九47 48 二續39
阿撒[中]忽[黑]三	問的	九48
阿撒[中]忽	問的	二續39

額耶禿勒都舌論	商量說道	五 19
額耶禿勒都罷	共商量了	五 19 20
額耶巴舌剌勒都周	商量定了着	五 19
額耶巴舌剌阿速	商量了呵	五 21
額耶突舌兒	商量裏	五 15 21
額耶禿周	商量着	六 45 八 31 九 4 二續 15 19 19 53
額耶禿勒都周	共商量着	七 19
額耶兀格兀	商量無	九 4
額耶突舌兒	商量裏	一續 5 5 6
額耶禿耶	商量咱	一續 5
額耶禿勒都惕	商量	一續 5
額耶都舌里顏	商量裏自的行	二續 3
約速剌周	議擬着	八 31
斡赤速	奏	四 15
斡赤勒田	奏事的	一 45

斡赤勒	奏事	七 48 48
斡赤兀勒主為	教奏了	七 48
斡赤主兀	奏了	八 31
斡赤周	奏着	十 12 12 一續 42 42 二續 28 30
斡赤罷	奏了	一續 9
斡赤舌侖	奏	一續 20 44 46 二續 22 33
斡赤額速	奏呵	五 26 一續 21 45 47 二續 2 10 22 34
希舌魯額舌兒	祝壽	八 20
札阿哈黑三	告了	一 44
札阿周	告着	二 29
札阿中忽	告	二 19
札阿黑答周	告着	三 20
札阿巴速	告呵	四 18
札阿中忽因	告的	五 21
札勒巴舌里梅	告有	六 16

札阿黑三	告了的	八 39
札阿禿中孩	告者	二續 45
札阿主兀	告了有	十 28
札安	告	二 22 二續 46
只阿黑三	告了的	三 39
只阿黑撒訥禿剌	告了的上頭	三 39
只阿梅	告有	三 39
只阿中忽	告麽	四 41
只安	告	四 50 九 19
只阿舌侖	告與時	十 9
只阿周	告着	九 10
只阿惕中渾	告您	九 43
答阿舌里周	譏諷着	二續 3
答阿舌零中忽	譏諷的	二續 4 4
斡魯勒察周	對證着	五 37 六 22 22 22 22

斡魯勒察速	折證我	二續 3 4
斡魯勒潺	折證	一續 35 二續 10
亦惕哈罷	勸了	一 38
亦惕中合中忽	勸	二 3
亦惕中合中忽突兒	勸時	二 3
亦惕中合中忽孛侖	勸時	二 4
亦惕中合阿速	勸呵	四 10 六 18
亦惕中合魯阿	勸來	七 47
亦惕中合兀魯阿惕	被勸了	七 13
亦惕中合阿速	勸當呵	八 33
亦惕中合罷	勸了	十 18
雪都舌兒堅突舌兒	挑唆行	五 37
雪都舌兒帖額速	被挑唆呵	五 37 六 22
雪都舌兒堅突舌兒	挑唆裏	六 22
可乞兀勒迭罷	被挑了	六 21

闊乞兀勒迭周	挑唆着	八 17
禿乞舌兒抽	唆着	續一 47
兀勒斤	譖	五 40
兀勒勤整坤	讒譖	五 31
征古古因	讒譖的	十 43
阿亦中合黑剌主兀	訐告了	五 15
中忽答勒	謊	五 21
中忽答里	謊行	八 30
兀舌里周	唤着	一 48 二 2 38 四 47 五 25 44 45 八 32
兀舌里中渾	唤	五 46
兀舌里黑答周	被唤着	五 46
兀舌里主兀	唤着	五 46
兀舌里黑三突舌兒	唤了時	八 33
兀舌里舌剌	唤	八 28
兀舌里牙答察	唤行	九 17

翁失周	叫着	二13 四46
翁石周	喚着	三15
翁失周	喚着	四34
翁失黑答周	被叫着	二14
翁失剌勒都周	共呼着	四34
中合亦剌阿速	叫呵	一38
中合亦剌恢突兒	叫的時	二18
中合亦剌周	叫着	九13
中合亦剌周	喚着	四46
中合亦闌	叫喚	四45 45
中孩剌罷	叫了	五4
中孩剌周	叫着	五3
中孩亦剌周	叫着	六45
薛舌里兀勒古	喚省	續二23
薛舌里兀勒周	喚省着	續二23

都舌剌惕中合舌侖	提説	七 23
都舌剌惕中合舌論	提説	一續 4
都舌剌惕中合勒都周	共提説着	八 14
都舌剌惕中合阿速	提説呵	七 24 一續 6 二續 49
都舌剌惕中合黑三	提説了的	一續 21
都舌剌惕中合罷	提説了	一續 22
都舌剌惕中合周	提説着	一續 32 二續 23
都舌剌惕中罕	提	一續 20 二續 2 33
都舌剌惕中合中忽	提説	二續 23
都舌剌惕中合黑三	提説了的	二續 11
都舌剌惕中合主為	提説了	二續 50
統中合舌侖	宣布	九 41 45
統中合舌侖	傳布時	九 32
統中合阿周	宣布着	二續 18
統中合阿周	傳着	五 23

孛勒中合阿速	審呵	十 43
孛勒中合黑答罷	審實了	十 43
孛勒中合阿罷	體覆了	五 49
阿兒中合察	論來呵	二 3
撒塔周	論着	八 34
撒塔周	議論着	九 20
不察	隱諱	四 50
不察周	諱着	四 50
你温	隱諱	九 4

元祕史音譯類纂二十　視聽類

札卜中合罷	不見了	六45
兀者克迭罷	見了	四40
兀者克薛你顏	見來的自的行	九4
兀者克薛你延	見了的自的行	九19
兀者克顛	見	一43
兀者克先	見了	一44 十12
兀者克先	見的	二19 20
兀者額惕	見了	一20 二9 三11 五23 六2
兀者額惕	看了	二19 20 六51
兀者罷	見了	二21 30 37
兀者兀勒罷	教見了	三38
兀者兀魯木	見教	一43

兀者古因	看得的	續一 17
兀者克迭由	看有	一 45
兀者克迭古	被看見	二 17
兀者克迭額速	被見呵	二 21
兀者克迭別	被見來	二 21
兀者惕坤	看	二 47
兀者惕坤	看您	七 37
兀者帖列	看着	二 27
兀者帖列	教看着	四 42
兀者舌列	看	一 4 二 4
兀者周	看着	二 27 六 33 八 41 十 37 續一 31
兀者禿該	看	一 45
兀者別速	看呵	一 46
兀者思古良	看像	八 46
兀瞻	見	十 30

兀瞻牙答周	見不得着	六	34
兀氊	見	八	17 17
兀氊勒都克禿惕	相顧您	二	35
合中⿰目剌亦周	回顧着	一	38
合中兒舌合中周	望着	六	2
合中⿰目剌舌兀里	哨望的行	七	24 32
合中剌舌兀里	哨望的行	七	32 33
合中⿰目剌舌兀侖	哨望的	七	26
合中⿰目剌舌兀剌	哨望的行	十	18
合中⿰目剌舌兀勒侖	哨望的	十	19
合中闌舌	看	五	39
合中剌舌由	看有	一	45
合中⿰目剌舌忽中	看	五	39
合中剌舌兀勒	哨	五	28
合中剌舌阿禿	遠看見的	三	7 8

中合舌䁆中忽	望見	一 3
中合舌䁆周	望着	一 3 3 二 9 六 45 46
中合舌剌周	望着	一 43
中合舌剌兀勒	哨望	四 33 33 33 33
中合舌剌兀勒孫	哨望	六 1
中合舌剌兀剌察	哨望處	四 34
中合舌剌兀勒	哨望的	七 5
中合舌剌兀剌察	哨望的行	七 22
中合舌䁆兀勒	哨望的	七 22 23 24 31 32
中合舌䁆兀剌	哨望的行	七 22
中合舌䁆兀剌	哨望的	七 23
中合舌剌兀剌	出哨的行	五 28
帖別舌鄰勒都罷	相見了	四 46
斤察思乞周	回顧做着	四 27
阿兀勒潺	拜見	四 23

阿兀勒札周	拜見着	四 22 22
阿兀勒札兀勒罷	教拜見了	十 11 一續 44 二續 10
阿兀勒札罷	拜見了	十 13 15
阿兀勒札兀勒罷	拜見了	十 15
阿兀勒札兀勒周	教拜見着	一續 46 二續 34
阿兀勒札兀魯阿速	教拜見呵	一續 45
阿兀勒札兀侖	教拜見	二續 31
阿兀勒札舌侖	拜見時	二續 9
阿兀勒札舌剌	拜見	二續 9
阿兀勒札中灰突舌兒	拜見的時	二續 10 10
勺勒中合周	遇着	一 9 二 29
勺勒中合巴	遇着	一 42
勺魯中合周	遇着	一 8 34 47
勺魯中合勒都罷	相遇着了	二 26
勺勒中合勒都罷	相遇了	八 35

勺魯中合勒都周	相遇着	三 16
勺勒中合主為	遇着有來	五 23
勺魯中合勒都罷	共遇着了	六 27
兀赤舌剌周	遇着	三 15 七 45
兀赤舌剌阿速	遇着呵	二 2
兀赤舌剌罷	遇着了	六 44
兀赤舌剌勒都罷	相遇着了	六 43
兀赤舌剌恢	遇着的	七 47
兀赤舌剌阿速	遇着呵	七 47 48
古舌魯勒扯恢突舌兒	相遇時	續一 24
古舌魯勒扯周	相接着	四 34 35
兀中合兀塔	察探	二 50
兀中合速中孩	察聽咱	五 48
阿撒舌剌中忽宜	照覷的	一 49
果舌矑舌列	窺伺	五 26

馬(舌)里牙周	窺覷着	一16
馬(舌)里牙主兀	窺覷着有來	七6
莎那思	聽	三40
莎那思抽	聽着	二22 23 三15 27 四45 五48 七15 十12 續一8 23
莎那思塔木	聽得有	二42
莎那思(中)忽因	聽的	二50 四24 八30
莎那速阿(惕)	聽了	四18 46 九34 43 續二45
莎那思答罷	被聽得了	六46
莎那思答罷	聽的了	八21
莎那思(中)合阿速	教聽呵	九42 續二45
莎那思(中)合(惕)(中)渾	教聽您	九42
莎那速(黑)撒你顏	聽了的自的行	九4
莎那速(黑)撒你顏	聽得了的自的行	九19
莎那速阿速	聽的呵	九15

莎那速勒察秃中孩	共聽者	十 8
莎那思中忽因	聽得的	一續 17
莎那思中合秃中孩	教聽者	二續 45
莎那思罷	聽了	二續 57
也客檮兀巴舌兒	大聲	四 7
檮兀	聲	二 22 三 5 15 二續 35
檮兀秃	聲有的	三 7 8 26
檮兀巴兒	聲裏	一 37
檮兀把兒	聲教	二 18
檮兀	聲話	六 41
檮兀班	聲自的行	六 46
檮兀阿舌兒	聲	四 45 五 4
檮兀阿舌兒	聲教	五 3
檮温	聲	七 10 10 九 15 17
檮温突兒	聲裏	九 14

元祕史音譯類纂二一　取與類

巴舌里周	拿著	一 16 33
巴舌里牙	拿住	二 18
把舌里周	拿	五 6
把舌里周	拿着	一 12 16 22 24 二 6 12 13 16 32 43 三 37 四 8 14 20 27 42 46 五 2 2 5 7 49 49 50 六 11 49 51 七 9 八 9 12 12 45 九 14 14 15 27 27 47 47 十 18 38 38 38 二續 34 37
把舌里黑答阿	被拿了	一 33
把舌里黑答阿速	被拿了呵	四 41 42
把舌里黑答魯阿	被拿了來	五 28
把舌里黑答剌阿	被拿來	九 49
把舌里黑答剌阿	被拿了來	二續 38
把舌里黑答周	被拿着	十 20

把里舌黑答中忽	被拿的	十 21
把里舌黑答主兀	被拿了有	十 21 21
把里舌黑撒惕	拿了的每	二續 38
把里舌黑撒阿舌兒	拿了的依着	二續 6
把里舌兀勒主為	教拿了有來	五 15
把里舌兀勒主為	教拿着有來	七 6
把里舌兀勒罷	教拿了	八 22
把里舌兀勒周	教把着	六 41
把里舌兀勒周	教拿着	二續 8
把里舌兀魯黑三	拿了的	一 19
把里舌兀魯阿惕	教拿來	六 2
把里舌兀只宜	拿麽	八 7
把里舌主為	拿了	三 15 四 8
把里舌主為	拿了有來	十 21
把里舌主兀	拿了來	七 5

把里舌牙	拿咱	五 45 47 48 50
把里舌罷	拿了也	三 8 8
把里舌罷	拿了	四 20
把里舌忽中	拿的	六 48 八 13 13 13
把里舌忽中阿徹	要拿	十 34
把里舌阿速	拿了呵	九 23
把里舌阿思	刑禁	五 15 16
把里舌阿惕	拿了	十 39 一續 15
把里舌禿孩中	拿者	九 48 48 二續 39 42
把里舌禿孩中	教拿	三 46
把里舌惕渾中	拿您	八 22
把里舌剌舌	拿	十 28 28
把里舌牙	拿咱	五 47
把鄰舌	拿	八 2 十 5
把鄰舌勒都周	共拿着	一續 23

把舌鄰	把	七 10
把舌里主為	把了	四 14
把舌里禿中孩	把者	十 28
把舌里黑撒惕	把的	續一 14
阿惕渾	拿着	一 43
阿惕中忽周	拿着	一 43
闊勒迭周	拿着	五 41
中合舌兒答周	拿着	五 41
斡克速	與呵	一 8
斡克恢	與的	一 40
斡克速	與	一 9 46 三 43 43 43 43 五 6 7 46 六 38 51 八 20 27
斡克速	與你	二 40 40
斡克速	與呵	二 29
斡克速	與我	四 49 50 六 25 八 34 十 12 16 續一 8 8 9 9 29 29 32
斡克速該	與咱	五 41 41

斡克帖克先	與了的	一4 5
斡克帖克先	被與了的	五23
斡克帖埃	與	一4
斡克帖恢	可與的	二2
斡克帖古	可與的	二2
斡克帖罷	被與了	五34 六31
斡克帖列額	被與了	五34
斡克帖坤	可與的每	九31
斡克帖周	被與着	十35
斡克迭克先	被與的	五25
斡克迭古牙	可與的行	八28
斡克古宜	與的行	四16 八31
斡克古由	與麼	五23
斡克古耶	與咱	十22 續二21 22
斡克古	與的	續二57

斡惕抽	與着	三 24
斡昆	與	二 25 25 五 36 39 46 二續 3
斡恢	與的	二續 52
斡古列額	與了來	二 41 41
斡古列額	與來	八 28 二續 8
斡古列額	與了來麽	八 28
斡古舌列	與	九 28
斡古耶	與咱	五 38 45 十 11 一續 5 5 一續 48 48
斡古牙	與咱	五 19 九 17 19 十 13
斡古克薛訥	與了的	五 10
斡古克薛的	與了的每行	一續 16
斡古克先	與了的	九 33
斡古額惕	與了	二 35 六 27
斡古額速	與呵	六 31 七 7
斡古舌侖	與呵	五 36

阿卜赤舌剌惕	將來了	四40
阿卜赤舌剌惕	將來	七9
阿卜赤舌剌惕中渾	將來您	七9
阿卜赤舌剌罷	將來了	一38 二35 39 五23 六49 八36 續一51
阿卜赤舌剌黑三	將來了的	一38
阿卜赤舌剌周	將來着	一10 43 二39 三20 24 43 四17 23 五4 六36 七29 續一10 15 16 51
阿卜赤舌剌周	將着	二17
阿卜赤舌剌牙	將來	三2
阿卜赤舌剌牙	將來咱	七11 12
阿卜赤舌剌兀勒周	教將來着	七9 12 44 十41
阿卜赤舌剌兀勒中忽	教將來的	續二56
阿卜赤舌剌黑三突兒	將來時	一40
阿卜赤舌剌塔剌	將來直到	八9
阿卜赤舌剌主兀	將着來了有	八12
阿卜赤舌剌速中孩	將來咱	續一47

阿卜秃中孩	教要者	十 21
阿卜秃中孩	要者	續二 7 11 39
阿卜罷	要了	五 22 續一 16
阿卜抽	要着	一 8 34 二 17 四 2 10 34 五 3 10 24 27 32 六 28 七 23 十 31 續一 4
		10 10
阿卜中忽	要	二 34 34 八 31 九 8 十 21 續一 15
阿卜中渾	要的每	續一 45
阿卜黑三	要了的	一 6
阿卜客延	要麽道	七 7 八 41
阿卜出為	要了有	續一 4
阿卜中灰魯阿	拾要了呵	一 36
阿卜赤舌剌周	要着	四 40
阿不黑三	要了的	一 24 三 27 28 37
阿不黑撒的	要了的	五 18
阿不黑赤	好要的	七 4

阿不黑臣 要的每 七 35
阿不勒察罷 相要了 一 15
阿不勒察周 共要着 四 16
阿不勒察牙 共要咱 五 37
阿不勒察罷 共要了 七 4
阿不阿惕 要了 四 40 五 32 六 29 一續 52
阿不阿速 要呵 七 16
阿不阿 要了 八 47
阿不阿 要 一續 16
阿不罷 要了 二 7 49 四 10 七 43 十 21 一續 16
阿不剌阿 要了來呵 二 9 七 44 一續 17
阿不剌埃 要了來 四 14
阿不舌剌 要 五 2 六 44
阿不埃 要了 六 28 一續 3 45
阿不牙 要咱 五 2 41 七 14

阿不侖(舌)	要了的	七 1
阿不惕渾(中)	要您	七 3 3 九 25 25 續二 6 8
阿卜忽(中)兀	要的麼	二 33
阿卜忽(中)	要	二 33 33
阿奔	要	五 3 20 六 53
阿	要	八 41
阿卜荅罷	被要了	二 8
阿卜荅阿速	被要了呵	五 41 七 15 八 12
阿卜荅兀澤	恐被要了	七 14
阿卜荅忽(中)	被要的	續一 45
阿卜塔剌埃	被要了	二 48
阿卜塔來	被要了	三 17
阿卜塔主為	被要了有	七 23
阿卜合(中)兀勒周	教要着	三 39
阿卜合(中)兀勒周	被要了着	八 2

中忽余阿速	索着	一 18
中忽余温勒周	索着	一 46 46
中忽亦舌侖	索時	五 38
中忽亦阿速	索呵	五 38
中忽余阿速	索呵	五 46
中忽亦中渾	索的每	九 25
中忽亦惕中渾	索您	九 25
中忽亦舌刺	索去	十 33
中忽亦舌刺	索	十 34 35
中忽余舌刺	索去	十 35
中忽余速	索	一 42 42
帖卜赤周	棄着	五 41 六 35 九 27
帖卜赤周	捨着	七 6 7
帖卜赤古	棄捨的	五 44
帖卜赤古	捨棄	十 24

莎余舌兒中罕	恩賜	六 52
莎余舌兒中合周	恩賜着	六 52 53 七 2 7 19 48 八 18 20 41 46 48 九 2 十 11 12 13 16 16 44 一續 17 39 47
莎余舌兒中合勒	恩賜	八 24 27 28 29 29 31 34 九 8 8 17 19 23 24 31 31 31 二續 8 48
莎余舌兒中合兀舌侖	恩賜	八 32
莎余舌兒中合舌侖	恩賜時	八 46 九 24 二續 7
莎余舌兒中合速	恩賜呵	九 8
莎余兒中合黑答罷	被恩賜了	十 13
莎余舌兒中合黑答阿速	被恩賜呵	四 49 六 51
莎余舌兒中合阿速	恩賜呵	一續 5 二續 33
土申	委付	六 6 八 25 一續 22
土失罷	委付了	三 49 七 18 18 18 八 30 一續 51
土失速	委付	七 49
土失周	委付着	七 21 八 24 九 30 31 一續 14 37 51 二續 20 20 33
土失額惕	委付了	八 27

土失耶	委付咱	九 28
土失舌侖	委付的	續二 43
土失舌侖	委付時	續二 40
禿失舌侖	委付	九 40
禿失周	委付着	九 41
禿失罷	委付了	十 10 25 25 25 26 26 26 26
禿失舌侖	委付時	十 18
格木	委有	續一 21 21
阿撒舌剌兀魯黑三	收繼了	三 18
阿撒舌剌黑三阿舌兒	收繼了以來	三 18
阿撒舌剌溫勒罷	教收拾了	二 23
阿撒舌剌黑撒惕	收拾的	七 2
阿撒舌剌禿中孩	教收拾者	續二 39
阿撒舌剌禿中孩	收拾者	十 4 4 4
阿撒舌剌梅	收拾有	十 7

阿撒舌剌中灰	收拾的	十 7
阿撒舌剌周	收拾着	十 8 8
阿撒舌剌阿惕	收拾了	十 9
阿黑撒中忽牙	收拾的行	續二 42
中忽舌里牙勒敦	共收集	九 7
中忽舌里牙勒都黑三	共收集了的	九 7
中忽舌里牙勒都速	共收拾	三 47
中忽舌里牙周	收拾着	三 19 五 36 36 43
中忽舌里牙罷	收了	七 43
中忽舌里牙安	收拾	十 22
中忽舌剌兀舌魯阿速	收呵	續一 5
中忽卜赤周	收拾着	九 30
古舌里牙黑答黑三	收來的	二 4
不古惕格勒都周	相收集着	三 2
中合舌兒馬勒都速	共收聚	三 47

斡魯黑撒阿舌兒	得了的依着	二續 6
斡魯埃	得	二續 35
阿禿中孩	教得者	八 37
額舌魯孫	得	二 48 48
額舌魯思抽	得着	三 17
額舌魯思罷	得了	三 20
額舌魯思帖古耶徹	被得着	一續 22
完勒答來	得有來	三 21
阿卜答中忽	被得	六 30
兀都舌里都阿惕	领了	四 5 5
兀都舌里惕抽	领着	六 25
兀都舌里敦	教統着	六 4
塔塔剌周	拖出着	二 24
赤舌兒抽	拖着	二 47 四 5 28 十 39 39
赤兒罷	拖了	十 38

三把周	抽着	二 9
速中忽赤周	抽出着	四 10
薛古兀侖	教抽起	七 27
主中忽侖	抽	九 13 14
主中忽魯黑三	抽了的	九 15
忝古勒都周	拾着	一 16
添古周	拾着	二 5
忽牙客額克先	拴說來的	五 50
忽牙黑撒的	拴着的行	五 50
忽牙黑撒惕	拴了的	十 29
忽牙周	拴着	三 6 13 五 49 49 七 33 十 28
多乞周	指點着	二 32
只克禿周	拽着	三 38 八 38
只克禿勒都周	共拽着	九 7
只惕古兀勒周	拽着	七 37

只克敦	前拽	六23
迭里周	拽着	七38 38 38 38 38
亦勒中合周	揀着	四25 25 七19 19 19 21
亦勒中合黑三	選揀來的	九39
亦勒中合周	選揀着	九36 36 39 十3 二續48 48
亦勒中合罷	選揀了	九36
亦勒中合周	揀擇着	九31 32 36
亦勒中合梅	分揀有	一續22
莎汪中忽周	選揀着	八41 二續23
莎汪中忽兀魯阿速	教揀呵	九8
拙額克薛額舌里顏	置了的自的行	九29
拙額克先	置了的	九33
拙額埃	置	二續35
拙額克薛你耶舌里顏	置來的教自的	九7
諸額克先	置來的	二34

塔塔剌周	扯着	四 10
塔塔阿惕	扯了	四 28
談禿魯惕中渾	扯了您	三 50
塔塔周	掉着	一續 2
塔塔阿惕	掉	一續 3
塔塔黑三	縮了	十 44
脱亦惕抽	撥着	四 27
撒安	擠	二 29 四 40 八 35
撒阿勒都周	共擠着	五 11
撒阿周	擠着	五 14 六 26
撒阿兀勒中渾	教擠每	七 12
撒阿阿惕	擠了	二續 47
撒阿鄰	擠的	二續 54
失中合周	擠着	三 43 43 六 36 36 37
失中合黑答周	被擠着	十 40

札卜(中)合周	失着	二34 一續52
札卜(中)罕	失了	二續21
阿勒(中)渾	失了	一續33
阿勒答阿速	失了呵	二續23
阿勒答周	放着	八10
斡斡兒罷	丢了	一11
斡斡兒罷	放了	一17
斡斡(舌)兒抽	丢着	一37 37 二9 五44
斡斡(舌)兒乞周	丢着	四28
斡斡(舌)兒(中)忽	放的	一續9
斡斡(舌)兒速(中)孩	丢我	一續23
斡斡(舌)兒禿(中)孩	丢者	二續38
斡斡(舌)魯惕(中)渾	丢了您	九47
斡斡(舌)魯黑撒泥	丢了的行	十41
斡斡(舌)兒抽	丢着	十39

斡斡魯舌阿惕　飛放　一 17

塔勒賓　放　六 40 一續 25

塔勒必罷　放了　一 15 17 20 二 29 四 33 十 39

塔勒必速　放下　一 47

塔勒必周　放下着　一 46 47 49

塔勒必周　放着　五 6 6 6 7 20 六 1 七 9 八 35 九 23 一續 50 二續 26 26 27 31 32 40 49 55

塔勒必周　放了着　九 27 28

塔勒必温勒周　教放着　二 29

塔勒必黑撒惕　放來的　三 14

塔勒必黑撒惕　放了　四 40

塔勒必黑撒惕　放了的　七 35

塔勒必黑三　放了的　四 34 十 42

塔勒必兀勒罷　教放了　四 33 33 六 19 二續 55

塔勒必兀勒罷　放了　五 16

捏篾恢宜	添的行	四15
捏篾額孫	添助	八8
捏篾克迭周	被添着	三22 八9 九31 一續45 47
捏篾克迭周	被添助着	八44 二續11
捏綿	添	一續35
捏篾罷者	添了也者	二續55 57
温都侖舌	增添	七25

元祕史音譯類纂一二一　性情類

斡宜	性情	五 4
斡亦納	情行	二續 24
斡因都里(舌)顏	情懷自的行	五 24
斡因	心意	一 46
赤納兒(舌)	情	一續 25
阿不里(舌)禿	性兒有的	一 27
阿不里(舌)禿	性有的	五 13
薛惕乞古	想	五 16
薛惕乞古	想的	八 19
薛惕乞罷	想了	二 10 八 28 一續 20
薛惕乞古宜	想的行	八 21
薛惕乞主為	想了有	九 28

薛惕乞主兀　想了有　一續17

薛惕乞周　想着　二21 三4 49 四1 42 42 47 五25 26 38 39 39 六26 八7 8 10 34 34 36 39 44 46 46 47 九23 23 25 十3 24 一續27 33 二續34 49

薛惕乞克先突舌兒　想了的行　九1

薛惕乞額速　想呵　五42 44 一續18

薛惕乞惕坤　想您　八9

薛惕乞木　想有　八14

薛惕乞克薛你顔　想了的自的行　九19 25 十26

薛惕乞坤　想每　十43

薛惕乞勒　想　一續5

薛惕乞額速　想呵　六33

薛惕勤　想　五42

牙兀薛惕乞額速　甚想呵　五41

兀祿薛惕勤　不想　六30

都舌剌惕抽　想着　一48 八20

都舌剌都勒潺	共想着	三 25
抹劣勒古	思想	二 1
抹舌劣勒周	思想着	二 1
者申	想望	三 18 18
古薛周	思想着	一續 24
撒因	好	一 4 4 6 20 21 44 二 4 33 33 34 三 43 43 四 17 五 25 34 六 21 七 16 47 八 41 41 十 24 24 24 二續 20 26 26 52
撒因卜克先	好有來	五 23
撒因	好的	六 36 七 48 一續 33
撒亦秃	好有的	一 6 十 16
撒亦秃	好的	四 17
撒亦途舌兒	好生	六 37
撒亦秃舌兒	好生	八 22 十 3
撒亦秃舌兒	好	一續 13
撒亦惕	好的每	二 6 6 三 39 二續 8 8

撒亦惕	好	一 45 二續 6
撒亦的	好的每	一續 9
撒亦的	好的每行	九 32
撒亦中合禿舌兒	好好的	四 1
撒亦巴舌兒	好行	五 9
撒亦泥	好行	六 23 九 23
撒亦壇	好的每	七 19
撒亦	好	一 43 九 12 12 一續 27
亦剌阿舌里	較好	四 9
中豁阿	美	一 4 44 三 43 六 36 七 48 二續 24
中豁阿思	美的每	三 39
中豁阿思壇	美每有	十 21
乃答周	疾惡着	六 40
失里兀牙	善行	三 31
塔阿剌周	愛着	五 43

塔阿剌罷	愛了	七 48
塔阿剌中渾	愛每	九 24
塔阿剌黑答周	被愛着	十 43
塔阿闌	愛	二 9 23
塔阿剌黑答罷	被愛了	四 35
塔阿剌黑答中渾	被愛	五 43 44
塔阿剌黑答中忽訥	被愛麽	五 44
塔阿剌黑答舌侖	被寵的上頭	五 22
中合亦舌剌剌周	愛惜着	五 44
中合亦舌剌剌惕中渾	愛惜您	八 7
合亦舌剌剌阿速	愛惜呵	八 7
中合亦舌剌阿速	愛惜呵	八 22
中合亦舌剌剌周	愛惜着	續二 11
中合亦舌闌	可惜	六 16 七 29
中合亦舌剌闌	愛惜	二 50

阿馬刺舌周	相愛着	續一 24
乃塔木	嫉妒	二 37
乃塔黑丹	嫉妒	二 19
乃亦答周	嫉妒着	五 37
乃亦塔黑答木	被嫉妒有	九 23
乃亦塔周	嫉妒着	九 23
納亦塔周	嫉妒着	十 7
奈亦答罷	妒了	六 35
迭卜先	跳躍	一 39
迭卜薛罷	跳躍了	一 39
迭卜薛古	喜躍的	八 39
巴牙思抽	喜歡着	二 40 四 6 15 16 六 45 七 34 35 續一 45
巴牙思抽	喜歡了着	十 13
巴牙思抽	喜歡	二 36
巴牙思罷	喜歡了	二 35 十 12

塔阿剌主為	喜有	五 39
都牙侖	歡躍	七 35
都牙勒周	歡躍着	七 34
額勒	治平	五 9
阿馬舌剌勒都牙	相親愛咱	三 26
阿馬舌剌勒都中灰	相親愛的	三 27
阿馬舌剌勒都周	相親愛着	三 28 29
阿馬舌剌勒都舌侖	相親愛	三 29
阿馬舌剌牙	親愛咱	三 27
阿馬阿舌剌鄰	親厚着	五 37
阿馬舌剌黑	親厚	五 38 38
中合里敦	親近	八 17
中合舌里牙壇	親屬的每	八 45
察阿答	親近	續二 14
委亦當中合	好厭舊	三 31

委亦(惕)(中)忽	厭的	三 31
兀里格	厭	八 46
委亦闌	哭	四 45
委亦剌(中)忽宜	哭的行	十 36
委亦剌周	哭着	一 37
委亦剌木	哭有	二 34
委亦剌阿(惕)	哭了	二 4 十 35
委亦剌罷	哭了	四 46 十 36
委亦剌主為	哭了	四 7
委亦剌(黑)(中)答忽	哭的	一 38
只(舌)兒(中)合郎	快活	一 39 三 39 十 1
只兒(中)合(中)忽	快活的	一 39
只(舌)兒(中)合(勒)(中)都周	共快活着	三 28
只(舌)兒(中)合(惕)(中)渾	快樂您	七 3
只(舌)兒(中)合兀(勒)(中)忽	教快活	三 39

只兒中合惕中渾	快活您	九 26
只舌兒中合兀魯牙	教快活咱	續二 47
中康中渾	快足	續二 23
中康中合周	足	四 43
中康中罕	足了	六 21
答兒罕敦	自在的	一 32
答舌兒中合剌惕中渾	自在您	九 24 24
答舌兒中合闌	自在	三 39 七 3 八 42
答舌兒中合闌	做自在	九 26
答舌兒中合剌速	自在我	九 24 24
答舌兒中合惕	自在每	九 25
答兒中合剌舌侖	教自在時	九 25
古舌魯蔑列	爽利	二 28
兀舌里牙舌兒中渾	爽利	十 2
卯兀剌勒都周	煩惱着	一 6

卯兀剌畢	煩惱了	二 12
卯危剌周	煩惱着	五 44 二續 29
馬危剌周	煩惱着	十 27
格舌列勒周	恐着	十 40
赫舌魯周	愁着	二 35 37 八 43
脱斡舌里罷	迷了	九 8
阿勒舌合撒兀澤	懈怠恐	一續 45 46
忽魯舌里格兀勒帖列	恍惚間	七 24
阿舌里牙中忽	猶豫的	四 28
巴剌木惕	妄	二 12
斡耶薛克先	貪食的	七 36 36
中合舌籃剌周	貪着	二續 57
希扯罷	羞了	十 31
希扯舌列	羞耻	十 44
希纏	羞	十 31

勺孛中忽	辛苦的	七	31
勺孛勒都舌侖	辛苦時	一續	26
勺孛勒都梅	共辛苦有	十	7
勺孛阿牙	教辛苦	二續	47
勺孛安	教辛苦	二續	47
勺巴阿木	教辛苦有	五	13
勺巴黑撒惕	辛苦了的每	十	22
勺班	辛苦	二續	47
薛舌列勒敦	疑的	一	12
薛舌列恢	疑的	一	12
撒阿舌剌中忽	不疑貳的	二	12
撒阿舌剌	疑	四	11
撒阿舌剌梅	疑	五	26
撒阿舌剌黑答中忽	疑惑	八	42
阿舌里牙勒	疑	五	50

卯兀壇	歹每有	七 11
卯兀納	歹每行	一續 21
卯温	歹	六 21 21 十 37
孛速	（歹）	九 4
薛徹惕	聰明每	二 6
薛禪	聰明	八 19
孛黑答	賢明	八 13 一續 27
孛黑答	賢明的	一續 24
孛黑多因	賢明的	三 37
阿兒舌合中丹	智賺着	八 33
中合答兀只古	謹慎	二 19
中合答兀只	謹慎	六 6
中合答兀赤	謹慎	七 42
中合答兀赤禿中孩	教戒慎着	六 5
中合塔兀赤速中孩	謹慎我	一續 31

乞赤額周	謹慎着	九 21
乞赤延	謹慎	一續 26
乞赤昂古	謹慎的	二續 18
乞赤耶古	謹慎的	二續 57
斡舌魯克	敦厚	一續 29
馬舌剌安	仔細	七 47
札兒沉台	整齊的	二 6
迭列篾	造次	一 13
把舌魯黑	猛的	一 27 27
中合剌惕	猛然	二 11
土速勒察罷	猛到了	三 15
斡抹黑	勇猛	二續 34
斡抹中渾	猛的	一續 2 4 二續 5
斡抹舌兒中合中忽泥	雄勇逞的行	三 46
斡抹黑壇	勇有的	四 25 26 29

斡抹黑秃	勇有的	七 28
斡抹吉顔	勇自的行	七 28
額舌列坤	勇	一續 2 4 二續 5
額舌列坤	敢望與人	二 6
額舌兒客秃	威勢有的	三 22
速勒迭舌列	威靈行	八 20
速勒迭舌列徹	威靈行	一續 8
速勒迭舌兒秃	威靈有的	一續 8
孛可思	壯	四 25
阿兀兒壇	剛氣有的	四 25
中合唐中忽	剛硬	三 7
中合堂斤	剛硬	七 26
中合堂中忽牙	嚴行	十 18
中合堂中忽牙	剛硬行	七 47
中合堂中忽	剛硬	二續 32

乞舌零剌周	怒着	二續31 33
乞零都舌兒	怒裏	二續34
阿兀兒剌阿速	怒呵	七38
阿兀舌兒剌周	怒着	十29
札里舌剌罷	息怒了	十44
札里舌剌周	怒息着	一續45 47 二續34
唉亦	嘆聲	七10 13 13 29
嘯兀舌列勒畢	嘆息了	五25
赤馬	嘆聲	七29
赤馬惕中合阿速	教怪呵	一續25
赤馬惕抽	怪着	一續44
赤馬惕抽	嫌少着	十23
赤馬里阿舌兒	怪責	一續46
赤馬舌兒剌中忽宜	怪的	三12
赤馬舌兒	怪	三12

董中豁都阿	作聲	三31
董中豁都埃	作聲	十36 一續35
董中豁惕中忽因	作聲的	六7 一續22
董豁惕罷	作聲了	十23
多汪中豁惕巴	作聲	一21
亦捏額主兀	笑有來	七9
亦捏額罷	笑了	七9
亦捏額兀魯惕坤	教笑您	一續30
中合卜中合舌里兀魯惕中坤	教大笑您	一續30
乞克田	怨有的	四19
格木舌里兀侖	教怨	十3
格訥額舌兒	怨悔	一續25
兀馬舌兒壇	忘了	八20
兀馬舌兒塔周	忘了着	五15
兀馬舌兒塔黑撒你顏	忘了的自的行	八14

兀馬舌兒塔忽中	忘的	八 17 17
兀馬舌兒塔黑答中忽	可忘了	八 34
兀馬舌兒塔周	忘了着	一續 22
兀馬舌兒塔黑撒泥	忘了的行	一續 32 二續 23 23
篾迭禿該	知者	三 12 八 31 一續 21 23 二續 24 30 32 36 36 49
篾迭禿該	知也者	四 16 九 24
篾迭禿該	知道者	五 34 六 7 12 25 49
篾迭舌列周	教知着	四 20
篾迭舌列兀勒周	教知着	四 20
篾迭克迭罷	教知了	六 51
篾迭克迭古	得知	一續 6
篾迭克先	知道了	七 29
篾迭周	知着	二 37 39 三 5 5 六 19 26 八 36 十 18 21 31 一續 12 13 二續 26
篾迭額惕	知了	四 4 11 十 28
篾迭額	知	四 15 十 28

篾迭罷	知了	四11
篾迭坤	知	四35
篾迭木	知有	十21 二續22
篾迭	知者	一49
篾迭	知	八32 十38 二續5
篾迭兀侖	教知	十31
篾迭兀侖	教知了	一續6
篾顛	知	一續50
篾迭惕坤	自知者	五44
馬(中)合	不知	五22
馬哈	知他	一19
(中)孩	不知	七47
不識(舌)怜	知感	三22 六25 31
不識(舌)列克先	知感了	六25
把撒阿剌周	知料着	九10 十4

兀(中)合周	覺着	一 11 四 42 五 40 十 40
兀(中)合周	省着	二 11 五 32 46 十 10 一續 21 45 二續 3 49
兀(中)合黑三	省了的	九 19
兀(中)合黑三	省了	十 44
兀(中)合黑三突(舌)兒	省的行	十 24
兀(中)合黑撒你顔	省得了的自的行	一續 21
兀(中)合黑答罷	可覺了	六 42
兀(中)合阿速	省呵	一 13 六 6
兀(中)合惕者	省	一 13
兀(中)合惕	省每	九 2
兀(中)合巴兀	覺麽	一 35
兀(中)合禿(中)孩	省者	二 51 七 3
兀(中)合畢	省	二 45
兀(中)罕	省	三 30 30 二續 57

兀中合	省	四27
兀中含撒舌兒	不覺	十18
薛舌列兀勒周	教省着	七14
薛舌列兀勒周	提省着	八15
薛舌列克迭罷	被覺了	五47
薛舌列勒田	可防的	六3
薛舌里兀魯勒扯周	共覺省着	八14
薛舌里兀魯惕坤	喚教覺來	二43
薛舌里兀勒周	喚省着	一續32 二續23
薛舌兒古帖列	省間	二續24
中忽赤阿惕中渾	省惜您	八7
中忽察阿速	省惜呵	八8

元祕史音譯類纂一三　方隅類

歹真　反　三19

歹真　反着　七43

歹亦只周　反着　六17 七5 八1 2 2

歹亦只周　反走着　三18

歹只周　反着　六26

歹亦只兀勒周　反了着　七11

歹亦只黑赤　反的　三5

歹亦只黑撒惕　反了的每　續二7

歹亦真　反　五14 八4 5

歹亦速兒舌中合黑撒　反做了的自

你顏　的行　四50 50

歹亦速　反　五26

歹亦孫	反	八 45 一續 5
只赤中忽赤	反復	五 43
拙卜	正	二 18 18
勺卜	正	一 40 六 43 七 14
中豁亦馬舌兒	正面	五 39
中豁亦馬舌剌	正面	五 39
亦列	對面	八 10 14
亦列兀	對面	六 35
土失牙勒敦	相對	六 3
迭額舌列	上	一 1 3 8 37 43 二 6 9 17 50 50 三 6 38 46 四 3 27 27 35 45 五 2 2 六 8 9 9 12 16 25 七 9 11 11 15 23 27 39 43 八 10 12 37 38 39 41 九 16 20 36 38 48 十 19 41 二續 5 7 22 23 39 56
迭額舌列	上面	五 38
迭額舌列	高	五 22 二續 17 46 46
迭額舌列扯	上	一 3

迭額舌列扯	上自	一 36 二 50 三 13
迭額舌列徹	上處	四 49 49 49 七 43 十 20 二續 28
迭額舌列額徹	上處	六 35
迭額舌列額徹	自上	九 19
迭額舌列備	在上	九 45 45
迭額舌列延	上行	七 43
迭額舌列因	上的	八 30
迭額只列克迭古	崇上	一 46
迭額克石	往上	四 35 六 21 七 39
迭格温	從上	九 48 48 49
迭格温	上	十 29 二續 39 39
迭格温	上經過	二續 38
斡額迭	上	五 28
禿剌	上頭	五 21
朶舌羅	下	二 24 五 23 六 13 七 28 九 4 十 4 二續 23 39

兀舌里答	在前	一 10 25 48 二 29 三 49 五 9 17 六 26 30 九 31 36 36 38 39 十 44 一續 15 16 22 24 38 二續 37 43 43
兀舌里答	先	三 11 26 四 46 五 23 34 36 六 7 34 35 53 九 20 十 9 19 39 一續 35 二續 15 15 29 29
兀舌里答	在先	三 17 二續 28
兀舌里答	前頭	三 29 七 20 十 18
兀舌里答察	自在前	五 30
兀舌里答温	前	六 48
兀舌里答温	前行	二續 37
兀舌里答温	從前	九 47
兀舌里答安	前面自的行	九 2
兀里都思	在前	三 27
兀舌里答	先前	八 4 十 5 14 15 20 21
兀舌里都	在先有的	二續 44
兀舌里都	在前	五 11 六 27 二續 37

額木揑	前面	五 36 六 7 8 8 52 七 19 九 21 二續 56 57 57
額不(舌)列	前	二 27 八 2
額不(舌)列	前行	三 28 四 2
額不(舌)兒	前	三 10 10 四 36 七 32 32
額不(舌)里耶(舌)兒	前依着	六 2 2 14
額不(舌)里耶(舌)兒	前行	三 8
完(勒)只格迭	前行	一 4
亦列宜	面前行	二續 24
莽來	首先	一續 1
迭(舌)兒格迭	根前	一 48 二 27 四 50 九 32 33 34 34 十 9 26 一續 29 32 48 二續 22 22 23
迭(舌)兒格迭延	根前自的行	八 29 九 2
迭(舌)兒格	根前	二續 35
斡亦(舌)剌	根前	一 48
(中)豁亦納	後	一 7 8 10 14 20 32 二 28 四 2 19 30 五 8 11 14 21 21 28 六 7 23 25 七 3 八 36 37 46 九 28 47 十 3 33 36 一續 1 11 20 28 31 二續 13 37 38 55 55 57

(中)豁亦納	在後	二續 3
(中)豁亦圖	後頭	二 23 24
(中)豁亦禿思	後頭的每	二 32
(中)豁亦圖	後頭的	二 32
(中)豁亦禿兀剌察	後行	十 41
(中)豁亦赤余安	後自的行	一續 45
額赤捏	背處	一 10 11 八 10 十 23
額赤捏	背處行	五 26 六 16 九 42 二續 44
額赤捏	背行	九 34
額赤捏温	背處	一續 15 16
朶(舌)羅納只	東邊	六 18 七 31
朶(舌)羅納	東	七 11 13
朶(舌)羅納	東行	六 20 21 九 13
訶(舌)列捏	西	一 19
訶(舌)列捏只	西邊	六 18 九 13

朶脱舌剌察	内行	四 25
朶脱舌剌安	内自的	四 39
朶脱舌剌安	内自的行	四 47 五 25
朶脱舌剌察	裏處	四 9 一續 15
朶脱納	裏行	九 34 二續 15
朶脱舌剌班	内自的行	二 21
朶脱兒舌剌黑三	做裏兒的	四 17
朶脱黑石	往裏	二續 38
中豁勒	在内	二續 13
中豁侖	在内	二續 14 15 52
中豁剌察	在内處	二續 16
昂吉答	外	八 26
中合答納	外行	三 20 九 46 46 二續 37
中合答納	外面	五 21
中合答納察	自外	九 13

中合答納都思	在外每	九 44 45 45 二續 46 46 46
中合答温	外面	七 5
中合答温	在外	三 47
中合答	外面	五 24 49
中合答温	經外面	一續 37 37
中合答宜	在外行	二續 24
斡舌列額列額帖惕	邊傍	一 45
乞札阿舌剌	邊行	二 30
乞只阿舌剌	邊行	四 3 八 36
乞只阿舌兒	邊	一續 37 52
乞札阿舌兒	邊	一續 40
吉只阿兒	邊	一續 18
額帖額惕	一邊	四 37
額帖額惕	邊	九 9 9 9 10 十 9 9 9 38 一續 23 二續 40 41 41 41 41 42
額帖額敦	邊的	十 39

訥兀 隅的 八 34

訥兀答 隅行 九 27

弩答察 隅自 二 37

巴(舌)剌温 右 一 40 四 8 七 14 14 14 八 38 九 9 9 10 28 十 9 14 38 一續 8 8 35 35 41 二續 3 13 40 41 41 42 52

把(舌)剌温 右 三 2 4 20

沼温 左 三 2 20 八 1 40 九 9 9 10 29 十 9 9 39 一續 18 23 二續 13 40 41 41 41 41 52

元祕史音譯類纂二四　數目類

你刊　一
一 3 3 4 8 11 14 20 41 46 二 7 17 27 30 42 三 9 9 10 10 26 29
29 36 41 41 41 41 41 41 四 6 7 26 33 33 33 五 14 24 六 13 18 18
26 七 1 31 八 47 九 8 37 37 37 37 38 38 38 38 38 39 39 39 39 40
41 41 41 十 23 一續 49 二續 29 29 35 40 40 41 41 41 43 43 43 47

你刊　一箇
一 4 9 24 25 二 7 8 28 29 32 43 43 43 43 43 43 43 43 43 三 27 32
四 17 40 45 五 25 50 六 11 七 22 37 九 28 32 32 33 十 29 30 41 二續
47 52 52 53 53 53

你刊　一件
二續 56 56 56

你刊帖　一遍
一 37 37 37 37

你刊帖　一次
二 9 34 34 四 43 二續 35

你刊帖　一下
二 17

你刊帖　一次行
五 35 十 28 28

你刊壇	一箇等	三	4
你刊捏	一行	七	16
你只額勒	每一隻	一	11 14
你只額里	一隻行	一	11
你客田	一箇每的	三	37
你客捏	一行	八	27 九 30
你客捏	一處行	八	14
你客捏	一處	五	37 37
你客泥	一箇行	一續	33
你客帖列	一并	三	43 43 六 36 36 36
你客你顏	一箇自的行	一續	32 33 33 33
你客訥兀	一箇也	一續	33
孛刊	（一箇）	二	44
客勒帖該	半	六	19
含帖舌列別	半了	三	5

含屯勒迭額	被去了一半	三 4
都里	半	四 39
舌札里馬	半	六 28
舌札里木惕	一半	二 4 六 29 八 1
舌札里木惕	一半每	五 32
舌札里木的顏	一半自的行	十 6 二續 40
舌札里米顏	一半自的行	一續 26
舌札林	一半	二續 40
舌札林	半	三 29
舌斡羅額列	一隻	四 27 27
舌斡羅列	隻	九 7
舌斡劣額列	一隻	一 9
舌斡列額列	一隻	三 38 八 14
舌斡列額列	隻	八 37
中豁牙舌兒	兩箇	一 2 2 7 10 30 31 31 32 37 39 40 二 7 7 9 10 11 21 23 25 35 36

46 三 9 14 24 25 26 29 29 34 34 35 41 45 48 49 四 1 1 1 4 13
13 14 15 16 20 20 22 22 27 32 35 47 47 五 21 27 28 28 29 29 32 32 35
36 37 40 49 50 50 50 50 六 8 11 21 23 23 30 35 38 40 41 41 41 41
41 41 42 48 49 50 七 5 11 11 11 34 34 八 2 14 33 36 37 47 九 9
9 10 14 14 14 17 25 26 29 30 39 十 5 12 18 20 28 30 一續 13 13 16
16 23 29 29 30 30 38 38 39 50 二續 8 8 14 29 40 41 41 41 42 43 43
48 49

中豁牙兒　二　一 12 三 2 2 4 4 9 10 10 11 八 26 47 十 23 二續 29 35

中豁牙兒　兩　一 32 六 18 十 29 29 二續 58

中豁牙兒舌魯阿　兩箇一同　八 41

中豁牙兒途舌兒　兩箇行　四 31 五 39 九 4

中豁牙舌剌　兩箇行　二 8 三 7 16 22 48 四 1 20 六 21 35 二續 7 8 30

中豁牙舌剌察　兩箇行　二 7 七 10 九 4

中豁牙舌里　兩箇行　一 39 三 3 22 50 四 1 1 7 20 21 26 27 五 11 18 37 46 47 49 49 六 23 25 26 31 31 35 39 46 46 50 51 七 22 九 2 9 15 24 十 26 一續 1 13 17 39 52 二續 15 32 36 53

中豁牙舌里	兩箇	一43 三46 十26 續一39 47 52
中豁牙舌里牙舌兒	兩箇行	六41
中豁牙舌里牙舌兒	兩箇行教	六45
中豁牙舌侖	兩箇的	二36 三5 24 六1 27 38 40 48 七2 3 八19 21 九25 續一30 38 49 續二35 42 42
中豁牙舌侖	兩箇	續一51
中豁牙舌侖	兩的	一42
中豁牙兀剌	兩箇	十30
只舌里訥	兩箇的	五24
只舌里揑	兩箇行	二1
只舌里泥	兩箇行	二47 四10 10 19
只舌里揑徹	兩箇内	八1
只舌鄰	兩箇	二1 2 三15 四7 五27 七1 八45 十33 續二41 42
中豁舌鄰	二十	六25
中豁舌鄰	二十箇	七38 續二53

中忽舌兒巴納	三箇人	一續 12
中忽舌兒巴訥	三箇的	十 24
中忽舌兒巴兀剌	三箇	一 35 36 36 七 6 一續 44
中忽舌兒巴納察	三箇行	一續 16
中忽兒把泥	三箇行	二 13
中忽兒巴泥	三箇行	二 49
中忽塔阿舌兒	第三	九 42 42 二續 10 44 44
中忽塔阿舌兒塔	第三次	二續 44
中忽禿阿舌兒	第三	二 24 四 12 六 51 十 43
中忽臣	三十	三 40 六 25 九 42 十 21 21
中忽嗔	三十	二續 44
中忽嗔	三十箇	八 41 41
朵舌兒邊	四	一 7 7 7 7 41 五 33 34 34 34 34 六 30 30 30 31 31 八 48 九 1 36 41 十 23 31 37 二續 42 42
朵舌兒邊	四箇	一 31 四 34 七 33 33 34 34 九 1 1 4 5 19 一續 21 二續 42

納顔	八十	九 31 36
也孫	九	一 41 42 二 15 36 七 38 八 24 十 23 33 35
也孫	九次	八 29 38 九 6 17 24
也孫	九箇	二 9
也孫帖	九遍	二 51
也孫也速(惕)	九九	二續 9 9 9 10
也(舌)連	九十	八 27 27 十 3
(中)合(舌)兒班	十	一 40 三 26 29 四 3 4 五 13 七 18 二續 29
哈(舌)兒班	十	一 33 二 17 四 18 五 46 七 22 十 19 一續 49 二續 32
哈(舌)兒班	十箇	一 33 七 38 九 32 33
哈(舌)兒巴訥	十的	七 18
哈(舌)兒巴闌	十做了	七 18
哈(舌)兒巴敦	十的	二續 17 46 52
哈(舌)兒巴敦	十每的	九 30 32 33 34 36 45
札兀(惕)	百	三 17 21 六 18 18 18 七 38 38 八 47 十 31

札兀	百	七 18
札兀惕	百每	九 36 36 36 十 23
札兀泥	百行	八 47
札兀敦	百每的	九 30 32 32 33 34 36 45
札兀敦	百的	二續 17 46
札兀納察	百處	九 33
札溫	百	五 10 六 24 52 七 1 十 21 一續 18 20 20 二續 47 52 53
札兀闌	百做了	七 18
札兀訥	百的	七 18
敏(中)罕	千	六 4 4 5 9 18 44 七 18 18 21 八 24 九 37 38 38 38 38 38 38 39 39 39 39
敏(中)干	千	六 18 18 九 33 十 23 31
敏(中)合惕	千	八 26 26 26 41 二續 14
敏(中)合	千	九 7 7 30 36 36 39 二續 40
敏(中)合敦	千的	八 24 25 27 二續 13 16 46

土篾惕	萬每	三 2 2 4 4 四 3 4
土篾惕	萬	三 10 11 八 41
土篾敦	萬的	續二 13 16
禿篾列周	萬做着	九 30
禿篾敦	萬每的	九 30 31 32 十 15
禿綿	萬	九 31 39 40 十 3 3 14 14 14 15 23 25
巴撒	又	二 9 四 43 43 五 5
阿納埃因	又是也	七 27
兀答阿都	次	四 28 28
許列兀	多	八 28 28
許列兀	多餘	八 20
許列兀惕	多餘	四 37
許列克薛惕	餘剩的	三 21
許列克薛的	餘剩的	三 23
許列克薛的	餘剩的行	八 4

失你脱阿	新數	二續 1
孛捋克	叢	一 3 5
孛劣克	叢	一 17
速舌魯昆	羣的	二續 47 52
速舌魯格徹	羣行	二續 53
阿勒答	度	七 37 38 38
帖舌里兀田	等項	一 40 三 41 四 3 11 12 13 13 八 4 27 九 3 十 11
帖舌里兀田	等	八 6 6 一續 11 20 20 41 50 二續 13 13 13 16 16 27 27 33 51 52
帖舌里兀田	名項每	一 27
帖舌里兀壇	等	二續 18
斡羅禿	多	一 24
斡羅禿	多有的	七 16
斡羅泥	多行	八 9
斡羅阿舌兒	多	二續 35
斡欒	多	一 37 38 二 28 三 43 五 9 26 37 六 28 36 七 3 4 10 15 16 16 19 23

不舌鄰	衆	十 9 二續 2 13 16 37 40 43 52 52 53
啜延	少	三 14 四 20 六 22 26 45 七 23 23 31 43 45 八 2 2 3
輟延討兀	少遍	一 46
啜延揑徹	少行	七 31
啜額刊	少	七 13 24
中合黑察	獨	一 3 11 14 14 14 二 29 33 50 三 28 四 39 42 五 14 19 36 36 六 13 26 八 36 十 24 一續 23 25 二續 31
中合黑察	獨自	九 31
中合黑察中罕	獨自	二 50 三 18
中合黑察壇	獨每	三 37
中合黑察阿舌兒	獨自	二 32 七 46 二續 35 35
中合黑察阿舌兒	獨教	二續 34
中合黑潺答	獨次	八 37
荅卜中忽舌兒	層	七 37
荅卜中忽舌兒	重	五 38 十 7